최현배의 교육철학

- 외솔의 생애와 사상 -

장 원 동 지음

형지사

들어가는 말

외솔 최현배 선생은 근대 민족 교육의 선각자이다. 그는 독립 운동과 한글 연구에 온 생애를 바친 민족 교육자로서 국어학자인 동시에 애국지사이다. 한 마디로 외솔의 생애는 나라사랑의 실천으로 요약될 수 있다.

그가 태어나서 살았던 1894~1970년에 이르는 77년간은 우리나라 역사상 실로 민족의 수난이 중첩되는 시기였다. 즉, 그가 태어난 때는 우리의 강토가 문호 개방 이래 열강의 세력 각축장이 되어 버린 비참한 시기였다.

또한 비로 이듬해에 이른바 을사보호조약이 체결된 이래 여러 형태의 구국 투쟁이 전개되었다. 외솔은 바로 이런 시기를 몸소 겪으면서 그의 교육사상을 체계화해 왔던 것이다. 또한 그는 일제로부터의 조국 광복과 이에 잇달아 찾아왔던 국토의 분단, 6·25 동란과 4·19 학생 의거를 몸소 겪으면서 그의 애국사상을 형성해 왔던 것이다.

특히 그가 이런 환경 속에서 수학하던 중에 민족을 절실하게 의식할 수 있게 했던 중요한 계기를 맞게 된 것은 바로 관립 한성고등보통학교 재학 시절의 일이었다. 이 무렵 20세 남짓하던 외솔은 그의 평생을 가름해 준 스승 주시경님과 인연을 맺고 조선어 강습원(한글)에 나가면서 그에게 배웠으며(1910~1914), 신채호님의 「충무공전」을 읽음으로써 박은식·신채호·정인보로 이어지는 이른바 민족주의 사가들의 열렬한 민족의식에 접하게 되었던 것이다. 이로부터 외솔은 우리말과 민족사의 정신적인 기틀을 잡게 되었던 것이다.

그 후 그는 교육사상가인 동시에 교육실천가로서 몸소 교육 일선에 뛰어들어 분투하는 일생을 보냈다. 실로 외솔이 이 땅에 머무르는 77년 동안에 우리 겨레에게 끼친 위업은 크고도 넓었다. 평생 분분초초의 생활은 애국적이며, 교육적인 실천의 생활이었다. 특히 외솔은 우리말과 글을 갈고, 닦고, 지킴으로써 민족정신을 일깨우고 이를 고취시켰다. 또한 일제하에서는 「조선민족 갱생의 도」를 펴냄으로써 교육 구국을 위하여 분투하였다.

해방 후에는 민주주의 사회의 아름다운 도의적 질서를 구현하자는 「민주주의와 국민도덕」(1953년), 한배나라의 영구발전을 꾀하고, 올바른 국민정신을 고취한 「나라사랑의 길」(1958년)과 교육의 부패 무능을 타일러, 나라 장래에 광명을 기대하는 「나라 건지는 교육」(1963년) 등을 펴냄으로써 이 나라의 무궁한 중흥과 자강의 길을 열어보이었다.

그리하여 이와 같은 불멸의 사상서를 통하여 위대한 학맥을 잇는 동시에 이 나라 청년들에게 학문하는 방법을 가르쳐 주고 나라를 사랑하는 정신적 자세를 일깨워 줌으로써 우리 민족의 갈 길을 미추는 등불의 역할을 하였다. 또한 외솔의 교육사상을 통하여 첫째 외솔의 투철한 민족교육과 실천적 생활교육이 일제하에서 민족 사상의 진로에 기여한 바를 살펴보고, 둘째, 외솔의 나라사랑이 우리가 추구해 갈 국가관과 국민교육에 어떻게 관련될 수 있는가를 고찰하며, 셋째, 그의 민족교육사상을 연구 분석해 봄으로써 우리의 교육이념 정립 과제의 방향을 탐구해 보려는 데 그 목적이 있다. 그리하여 글쓴이(필자)는 외솔 최현배 선생의 생애와 교육사상을 크게 다음과 같이 나누어 보려 한다.

제1장 생애와 그 역사적 배경/제2장 조선 민족 갱생의 도
제3장 민주주의와 국민도덕/제4장 나라 사랑의 길
제5장 나라 건지는 교육/제6장 외솔의 교육사상

글쓴이가 외솔 최현배 선생의 학문에 관심을 둔 것은 연세대학교 교육대학원에서 "외솔의 교육사상"으로 석사학위를 받은 1974년부터 시작되었다. 그리하여 '외솔'의 '교육사상'을 대학에서 대학생 및 대학원생들에게 30여 년 동안 강의를 해왔습니다.

'겨레의 스승이란' 우리 역사 속에서 스승과 교육자의 귀감이 될 인물을 말합니다. 그리하여 2009년 10월 12일 한국교육방송공사가 기획한 '겨레의 스승' 12인중(안창호, 김구, 세종대왕, 신사임당, 신채호, 안향, 원효, 이이, 이황, 정약용, 최치원, 최현배 등) 한분으로 선정되었습니다.

오늘에서야 위대한 겨레의 스승인 외솔 선생님을 말함에 있어 제 능력이 부족하여 그 분의 업적과 교육사상에 누를 끼치는 모자란 글을 쓰게 되었습니다.

이 책이 나오게 되기까지 도와주신 존경하는 김석득 박사님과, 형지사 유성렬 사장님께도 고마운 뜻을 전합니다.

2010년 1월
아현골 서재에서
장 원 동

차 례

제 1 장

생애와 그 역사적 배경

1. 가정환경

최현배는 1894년 10월 19일 경남 마산군 하상면 동리에서 아버지 최병수와 어머니 박순화의 사이에서 맏아들로 태어났다. 외솔은 그의 아호이다.

그는 선천적으로 퍽 약하게 태어났다. 외솔은 6세가 되던 해에 동네 서당에서 글을 배우게 되었는데, 그때 외솔의 아버지께서는 외솔의 형제를 한 등에 업으시고 서당에 데려다 주셨다. 외솔이 7세 되던 해 아버지가 돌아가시매, 그는 홀어머니 슬하에서 자라면서 학업에 열중하였다.

이때 그는 동네 어른들에게 총명하다는 칭찬을 받았다. 그러나 동래의 서당에서 한문을 배우는 과정에서, 그 교육이 말과 글이 밖의 자연계와 안의 관념계가 아무런 상관을 짓지 못하고, 다만 선생과 제자가 함께 놓인 한자, 곧 '天地玄黃(천지현황)'만 듣고 읽기를 하는 구식 교육방법에 대하여 한문의 비판의식은 새 교육에의 전환의 계기가 되었다.

외솔이 14세가 되는 해에, 서당이 폐쇄되고, 울산 병영에 신식 학교인 일신학교가 신설되었다. 그 외솔은 서당 선생과 같이 이 학교에 입학해서 신식 교육을 받게 되었다. 이즈음의 학교생활이 외솔의 마음 밭에 올바른 심정의 씨를 뿌려 두었다.

특히 창가 시간에 배운 "만수절의 노래"는 그의 어린 가슴에 국가 의식을 깊이 심어 주었고, 당시 독립사상을 고취하던 대한매일신보를 읽고 나라 팔아먹는 7적 5적의 몹쓸 행위에 분개하기도 하고, 때로는 국사의 그릇된다는 신문 논조를 읽고 방성통곡한 일도 여러 번 있었다.

지금은 공터로 변해 버린 울산의 생가터

뒷날에 그가 나라사랑의 실천으로 일관된 한 평생을 살면서,

한글연구와 민족교육에 거대한 공헌을 하게 된 것도 이와 같은 수학과정에서 그 의식이 싹이 트게 된 것이었다.

2. 수학과정

외솔이 처음으로 서당에 다니면서 한학을 공부한 것은 6세부터 14세까지의 일이었다.

사립 일신학교

외솔은 14세에 설립된 새 교육기관인 사립 일신학교(지금의 병영초등학교)에 들어갔다. 그리고 그 학교에서 삼년간 교육을 받았는데(1907~1910) 이 때는 한일합병(1910)으로 나라를 잃기 3년 전의 일이었다. 외솔은 새 교육과정에서 특히 '산술' 과목을 좋아했다고 한다. 그리하여, 오늘의 고등학교 학생이나 선생도 풀기 어렵다는 유일정 지음 「초등 산술 교과서」에 있는 사측 잡제 중단, 종단을 낱낱이 분석하여 티끌만한 의심도 남기지 않고 밤새워 필기장에 정리하였다고 한다.

외솔은 "이 산술 공부에서 수리와 논리적 사고의 방법을 익혀 나의 공부하는 태도와 방법을 세웠다"하고, "여기에서 일생의 학문 연구의 근본을 닦은 것으로 생각한다"고 술회하고 있다(나라사랑 10집, 1973).

일신학교 삼년 동안에는 배우는 것뿐만 아니라 가르치기도 했다. 외솔은 이 학교를 마친 뒤 동향 선배들의 지도에 따라 관립 한성고등학교에 입학했다. 그러나 입학한 해인 1910년에 이른바 한일합병의 결과로 학교의 이름이 경성고등보통학교(그 뒤 경기

중고등학교가 됨)로 바뀌었다.

외솔은 그가 한성고등학교(현 경기중고등학교)에서 수학하던 시절을 회상하면서 서울로 올라와서 한성고등학교에 다니는 동안에는 나라를 잃어버리고 한없는 울분을 안고서 사사로 주시경 스승을 쫓아 국어를 공부하며 신채호 선생의 충무공전을 열심히 읽었다(홍이섭, 1973, 나라사랑 10집)라고 말하였다.

경성고등보통학교 시절

조선어 강습원

외솔 최현배는 주시경 선생의 조선어 강습원에서 우리말글의 교육뿐 아니라 민족주의 언어관을 열심히 체득하였다.

> "나는 중등학교에 다니게 된 때부터 동향 선배 김 아무개를 따라 박동보성 학교에 차린 주시경 스승님의 조선어 강습원에 일요일마다 빼지 않고 '조선어'를 배우러 다녔다. 이 강습원에 다님으로 말미암아 나는 주 스승에게서 한글을 배웠을 뿐 아니라 우리말 우리글에 대한 사랑과 그 연구의 취미를 길렀으며, 겨레 정신에 깊은 자각을 얻었으니 나의 그 뒤 일생의 근본 방향은 여기서 결정된 것이다."

라고 말하였다(나라사랑 10집, 1973).

외솔은 1910년 17살부터 한성고등학교를 다니는 한편 박동 보성학교 안의 조선어 강습원에서 주시경 선생의 강의를 받았고, 1913년 3월에는 그 강습원에서 높은 말본(고등말본)의 과정을 이수함으로써 고등과 제 1 회 졸업생이 되었다.

당시 기록에 따르면, 최현배(국어연구학회 제 2 회 졸업생 명단과 그 학회 회의록과 1913년 수업증서에는 '최현이'로 나옴)의 성적은 학과 99점, 근만(부지런함, 출석) 100점, 평균 99.5로 졸업생 33명 중 첫 자리를 차지했다. 그때의 고등과 동기생으로 신명균, 이병기, 이용설, 윤복영, 현상윤, 김두봉, 권덕규 등이다.

외솔(최현배)은 고등과를 졸업한 뒤, 윤복영, 현상윤, 김두봉 들과 함께 '언문회' 곧 '한글모'의 제 1 회 특별회원이 되어, 주시경, 남형우, 장지영, 이규영 여러 분의 통상 회원과 함께 조선어문회 곧 '한글모'를 발전시키는 데 이바지했다.

1912년 이후에는 함남 함흥군 사립 숙정학교의 조선어 하기 강습소 설치를 비롯하여 경남 웅천군 사립개통학교, 경북 대구군 사립협성학교, 그리고 1914년의 경남 동래군 사립동명학교 안의 하기 강습소의 설치가 그것이다.

외솔은 주시경 선생의 간곡한 부탁과 "잘 가르치고 돌아오라"는 격려의 말을 듣고 1914년에 경남동명학교(동래고 전신) 안의 조선어 강습원의 강사로 내려가게 되었다. 그런데 얼마 안 있어 주시경 선생은 39살 되던 1914년 7월 27일에 세상을 떴다. 외솔은 이 학교를 1915년에 졸업하였다(김석득, 2000, 외솔 최현배의 학문과 사상). 외솔은 스승인 주시경 선생님의 부음에 더욱 슬퍼하였다.

"나는 주 스승에게 배우고 또 배워 가워 그 당에 들어갔다고 할만큼 되었다. 나는 … 특별하신 부탁을 받고 동래군 동명 학교에서 열리는 하기 강습회를 맡아 가르치는 도중에 천만 뜻밖에 주 스승의 돌아가셨다는 부음을 듣고 강습생과 같이 통곡하였다. 내가 서울서 동래로 떠날 적에 주 스승께서 나의 사관까지 오셔서 잘 가르치고 오라고 부탁한 말씀은 아직도 나의 가슴에 새겨져 있다. 나는 스승의 부탁에 따라 우리말 우리글을 오늘까지 갈고 닦고 가르치고 또 가르치고 있는 것이니, 이 사명을 다한 뒤에는 스승에게로 돌아가 복명할 작정이다."

라고 말하였다(나라사랑 제10집, 1973).

이때 외솔은 국어와 국사의 정신적인 기틀을 잡게 되었다. 이미 한말에 싹트기 시작한 민족의 자각의식은 나라를 빼앗긴 일제하에서도 계속되었는데 당시의 지식층들의 민족의 독립을 위한 사상적 근거를 국학의 연구에 두었다. 이는 민족 주체에 대한 의식을 잃지 않아야겠다는 생각에서다.

그렇기 때문에 박은식은 우리의 민족혼이 일본과 조화될 수 없다는 것을, 신채호는 민족 고유문화에 절대적 가치를, 최남선은 조선주의 혹은 조선정신이라는 신앙을 찾아보려고 하였던 것이다. 바로 이 때 외솔은 단재의 저작을 접함으로써 이와 같은 민족주의 사가들이 민족의식을 학습했던 것이다.

유학의 결실

외솔이 22세 되던 해 봄에 그는 일본 히로시마 고등사범학교 문과에 한국인 학생으로는 처음으로 입학하였다. 그는 3학년 때 일본문학, 한문, 교육학 3과목 중에서 한문을 전공하라고 강권을 받았으나 이를 거절하고 교육학을 택하였다. 그때에 어째서 교육학을 전공의 분야로 삼았는지에 대하여 외솔은 다음과 같이 말하고 있다.

나는 왜정 밑의 우리사회의 무기력과 침체를 타계하여 겨레갱생의 기틀을 짓고자 하는 생각에서 처음엔 사회학에 뜻하다가 교육학에 뜻을 두어 그중에 페스탈로치의 생애와 사상을 연구하여 일본 경도제국대학의 졸업논문으로 페스탈로치의 교육학으로 석사학위를 받았다.

외솔이 27세 되던 해, 겨우 총독부에 양해를 얻어 경남 사립 동래고등보통학교 교원으로 만 2년간 교직생활을 하면서 여기서 틈틈이 '우리말본'을 초고하였다. 그러나 세상을 바로 잡고, 나라 광복에 큰 뜻을 품은 외솔은 교원생활에 만족하지 않고 다시 일본으로 건너가 1922년 4월(29살)에 교토대학문학부 철학과에 입학하였다.

외솔은 이 대학에서 학부 3년(1922. 4. 12~1925. 3. 31. : 32살), 대학원에서 1년(1925. 4. 25.~1926. 3. 24. : 32~33살), 모두 4년 동안 공부했다. 전공은 처음에는 사회학이었으나 민족 개조와 사회 개량의 근본책이 교육에 있음을 알고, 철학, 윤리학, 사회학, 심리학을 배우면서, 고등사범 때 정규과목으로 정했던 교육학으로 되돌아갔다. 한편 우리말 연구를 부전공으로 할 목적으로 언어학 공부에 많은 시간을 보냈다. 이것은 훗날 「우리말본」, 그 밖의 우리말 연구의 이론적 기반을 삼기 위함이었다.

외솔은 교육학을 전공하는 가운데, 페스탈로치의 인격사상사업을 앙모하고, 그 학설을 연구하여 장차 페스탈로치의 교육학을 체계화하려는 학문적 목적 아래, 1925년 졸업 논문으로, 교육학은 본질적으로 이성에 관한 깊은 과학이어야 한다는 '페스탈로치의 교육학설'을 썼다. 외솔의 교육학과의 관계는 여기에 연유한다.

1925년에서 1926년까지의 대학원 1년 동안에는 저 유명한 '조선민족갱생의 도'라는 장편의 논문을 외솔의 유학 10년간의 졸업 논문으로 자처하기도 했다(나라사랑 제10집 "나의 걸어온 학문의 길").

교토대학 문학부가 쓰던 건물

3. 교직생활

외솔은 1919년 봄에 일본 광도고등사범학교를 졸업하고 이듬해 1920년 봄에 고국에 돌아와 27세 청년으로 동래에 있는 사립 동래고등보통학교에서 교직생활을 시작하였다. 때는 3·1 운동이 일어난 직후라 학생들이 수개월 또는 3년의 체형언도를 받고 부산 형무소에서 옥고를 치르는 형편이었다.

동래고등보통학교 교사 시절

학생 총수는 200명이 채 못 되었고, 교사는 교장 이하 9명이었고 여기서 외솔은 국어를 가르쳤다. 외솔은 동래고보에 부임하면서부터 말본연구와 후진교육에 힘썼다.

첫째로 고향인 울산 병영이 동래에서 불과 백리 안팎의 가까운 거리인데도, 가족 '사모님과 맏아드님'을 고향에 두고 단신으로 부임하였고, 둘째로 가족과 함께 생활할 수 있는 숙식의 편의를 가질 수가 있었는데도 학소대 기슭에 외따로 비어 있던 큰 기와집 방 한간에 숙소를 정하고 주야 연구에 몰두하였고, 셋째로 동래에는 온천이 있어 유흥 오락에 편리한 곳인데, 그런 데는 눈을 감고 동료 선생님들이나 지방 인사들과의 교우까지도 될수록 멀리하고 오직 연구와 교육에 심혈을 불태웠다.

외솔은 우리말본을 등사판에 손수 찍어서, 소리갈부터 씨갈, 월갈까지 수백 장 되는 분량을 정력을 기울여 가르쳐 주었다. 뒷날에 출판된 「한글갈」, 「우리말본」과 맞추어 보면, 그 줄거리는 거의 동래에서 이루어졌으며, 이 두 해가 얼마나 외솔에게는 소중한 시기였음을 짐작할 수 있다.

오늘날 우리는 나라를 되찾아 교육의 자유를 향유하는 가운데 출판된 교과서를 갖추어 정한 시간에 체계 있는 말본교육을 하고 있지마는 당시 외솔이 수업하던 그 정열과 기백과 불태웠던 사명감과 비교하여 보면 감회가 자못 적잖다.

당시 옥살이가 끝난 학생은 학교에 돌아와 있었고, 남은 학생은 옥고에 시달리고 있었다. 그 때 교장선생님은 갓을 쓰시고 한복을 입으신 나이 많으신 어른으로, 수신 시간마다 감옥에 면회 갔던 이야기를 하고는 눈물을 지었다.

개교기념일에는 독립만세를 부르다가 재판을 받고 옥살이하던 그 정경을 연극으로 실연하였고, 가출옥으로 나온 지 한 달 만에 세상을 떠난 선배 학우의 장례 때에는 전교생이 제각기 조기를 만들어 들고 만덕고개를 넘어 구포까지 왕복 50리 길을 멀다 않고 다녀오곤 했으니, 그 때의 학원 생활은 피가 끓고 살이 뛰는 비분강개한 분위기에 차 있었다.

동래고등보통학교 교원으로 부임한 후 첫 소풍길

여기에 외솔이 끼친 영향은 이루 말할 수 없고 외솔의 국어 교육은 인간 교육이요, 구국 교육이어서, 배운 글은 곧 우리의 피와 살이 되었고, 또한 그렇게 되도록 외게 하고 정독시켰다.

그리고 그때 국어 교재로 「페스탈로치의 전기」를 배웠고, 그의 고매한 정신과 투철한 실천에서 큰 감동을 받았다. 그리하여 당시의 학생 가운데 교직에 몸을 던져 생애를 온통 그 길에 바친 사람이 많았고, 그 가운데는 전국적으로 저명한 교육자가 많이 배출되었음은 결코 우연이 아니고 외솔의 지성과 성실의 거름이 열매를 맺게 했음을 짐작한다.

또한 외솔은 일요일이나 공휴일에는 따르는 학생 수 십 명과 같이 근교에 있는 명산 대찰을 기의 빠짐없이 답사하여 대자연의 호연지기를 기르게 하고, 무언중에 마음의 심층에서 우러나오는 감응을 일깨워 주었다(추월영, 1971, 나라사랑 제1집).

연희전문학교(연세대학교 전신) 교수 시절

연희전문학교 교수로 부임

연희가 대학교를 처음 신청한 것은 1915년이다. 그러나 이때는 일제가 조선인을 일본의 의도하는 교육방향으로 이끌려 하고, 한민족의 권리 신장과 기독교의 자유사상을 막으려는 악조건 아래 있는 때였으니, 총독부의 '전문학교규칙'과 '개정사립학교규칙'의 공포로 말미암아 대학 설치가 좌절되고 말았다. 그리하여 할 수 없이 기독교청년회(TMCA)회관에서 '경신학교대학부'라는 이름으로 개설하여 문과, 상과, 농과, 신과, 수물과, 응용화학과 등을 두었다.

그러다가 1917년에 '사립전문학교'로 인가가 났으니, 학교 설립 시작부터 일제와의 투쟁이 벌어졌던 것이다. 그러므로 연희전문학교의 설립은 한국의 쇠망과 식민지로서의 이행 과정에서 반식민지적 정신이 연쇄적으로 또는 반사적으로 일어난 것이었다. 연희가 대학으로 출발하는 것을 좌절시키고, 전문학교로 인가한 조선총독부는 경성제국대학 예과(1924)와 경성제국대학(1926)을 설치했다.

따라서 남달리 민족정신이 강한 학생들은 자연히 사립 연희전문학교에 모였으며, 특히 일본인이 한국의 얼을 빼앗는 방법으로 우리의 말과 글을 빼앗으려 하는 의도를 알고, 우리 얼을 지키려는 학생들이 연희로 몰렸으니, 김윤경, 정인승, 정태진, 이은상, 김선기 등이다. 이들은 그 후에 모두 조선어학회사건(1942년)에 연루되어 외솔과 함께 3년간의 옥고를 치른다. 우리 말·글의 연구나 우리문학(이은상)의 주도적 역할을 한 사람들이다.

외솔의 연희전문학교(연세대학교 전신)와의 인연은 외솔이 교토대학 문학부 철학과 및 동 대학원을 수료(1926년 3월)하고 나자마자 1926년 4월 1일에 연희전문학교 교수(이화여자전문학교도 겸직)로 부임하였다. 외솔이 사립연희전문학교를 택한 까닭은 외솔의 민족사상과 연희전문의 이념이 맞기 때문이었다.

외솔이 연전에서 가르친 과목은 철학, 논리학, 윤리학, 교육학, 심리학, 그리고 조선말 등이다. 외솔이 연전에 취임하던 앞뒤 해를 보면 국학자를 비롯하여 구미 유학 및 일본 유학파의 명교수들이 초빙되어 있었으니, 문과에 정인보, 원한경, 유억겸, 백낙준, 손진태, 이양하, 상과에 이순택, 백남운, 이과에 이춘호, 이원철, 최규남 등 기라성 같은 석학들이 그들이다.

그리고 외솔이 취임한 그때는 이미 연희전문학교가 창립되면서 1회로 입학하고 졸업한(1917~1922) 김윤경, 이어서 입학하고 졸업한(1921~1925) 정인승, 정태진 등이 장차 연희의 조선학에 공헌할 큰 잠재력을 가지고 있었을 때이다. 그러나 한편 그때는 일본 총독부의 교육정책에 위반되므로 조선어와 조선문학 및 조선사를 가르치지 못하게 하던 때이기도 하다.

그런데, 때마침 1927년에 용재(백낙준)가 미국으로부터 연전 교수로 부임하고, 이듬해 문과 부장의 보임을 받았다. 본시 조선학에 투철한 용재와 유억겸 학감(1929)의 정신적 일치는 외솔을 비롯한 한국학 교수들의 뜻을 잘 읽고, 조선어는 주시경의 제자인 외솔로 하여금 과외로 가르치게 하고, 국사는 동양사의 이름으로 환산(이윤재) 및 정인시 등이 가르치게 하였으며, 국문학은 중국의 한문학의 형태를 빌어 위당으로 하여금 가르치게 하였다.

당시로는 어려운 정책이었으나 한국어의 강의는 연전이 처음이라는 역사를 만들었다. 이러한 상황에서, 국어 국문학이 조금씩이나마 연희전문에서 강의되었고, 또한 전파되어 나갔다(연세대학교사 1969).

이와 같이 연희는 민족 정신의 요람지일 뿐 아니라 국학 연구의 기틀이 잡혀 갔던 것이다. 외솔은 조선어말본을 손수 쓴 또는 학생들이 도운 유인물로 가르쳤으며, 선생의 불멸의 명저이요, 한국학의 상징인 〈우리말본〉의 첫째매가 연전출판부에서 나온 것도 이 무렵(1929)이요, 〈조선어문연구〉(연희전문학교 문과 연구집 제1집, 연희전문학교 출판부 발행)에 저 유명한 외솔의 논문 "조선어의 품사 분류론"이 실린 것도 이 무렵(1930)이다. 외솔의 이 연구들이 온 책 〈우리말본〉으로 이루어져 펴나온 때는 1937년이다. 연희 국학의 기틀은 이렇게 이루어져 가고 있었던 것이다.

그러나 일제는 1938년 '흥업구락부사건'으로 외솔을 연전 교수 자리에서 강제로 물러나게 한다. 외솔은 1941년에 겨우 도서관 직원으로 복직을 하지만 그나마 1942년에는 '조선어학회사건'으로 피검되면서 연희를 떠나고 만다.

외솔의 스승상

외솔 최현배는 함흥 형무소에서 출옥은 했으나, 나라의 시급한 자유민 교육의 올바른 터를 닦기 위하여, 두 번에 걸친 문교부 편수국장(미군정청 문교부, 6·25 사변 때 대한민국 문교부)의 자리로 부름을 받게 된다. 그리고 한글 간소화 안의 반대 투쟁의 일로 문교부를 나와, 1954년(61살)에 연희대학교 교수로 다시 취임하게 된다.

이는 '흥업구락부사건'으로 연희전문 교수자리에서 떠난 지 16년만이요, '조선어학회사건'으로 연희전문을 떠난(당시 도서관 직원으로 복직된 지 1년 남짓 되던 때)지는 12년만의 연희대학교 교수로의 복귀이다. 그리고 연희대학교는 1957년에 연세대학교로 이름을 바꾸게 되니, 외솔의 연희-연세대학교 시절은 이렇게 계속한다.

외솔은 학부에서는 주로 '말본'과 '한글갈', '훈민정음' 강의를 맡았고, 대학원에서는 '말본론(문법론)'과 '일반언어학' 및 '일반문법론'을 맡았다. 외솔은 학부 때나 대학원 때를 막론하고, 강의 틈틈이 일제의 우리말글 말살 정책의 진상을 알려, 말글과 겨레얼, 나라사랑의 혼을 학생들에게 넣어 주려고 노력했다.

외솔의 강의 방법은 귀납법으로 진행이 되며, 강의의 말은 그리 유창한 편은 아니나 빈틈없는 논리와 논증으로 펴 나아간다. 때로는 외솔 자신의 주장에 대하여 학생으로 하여금 반론을 요구하기도 한다.

이것은 알고 보면 두 가지의 효과를 얻고자 하는 의도적인 것이었다. 그 하나는 외솔 자신의 주장에 혹시 잘못된 점이 있는가를 객관적으로 검증하려는 것이요, 다른 하나는 학생들에게 학술 토론의 힘을 길러주기 위함이었다. 이 강의 방법은 매우 인상적인 것이어서 지금도 기억에 생생하다.

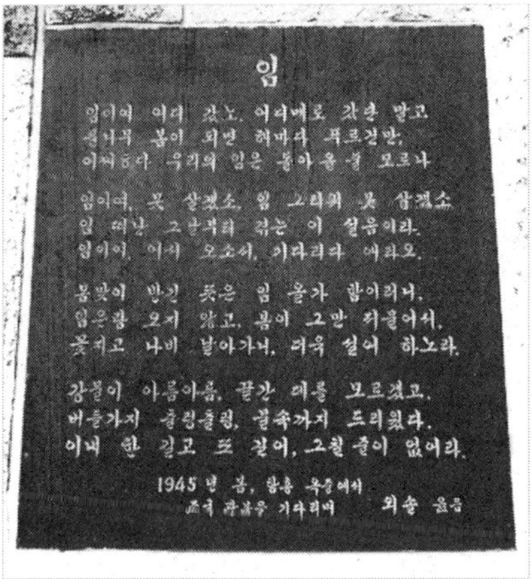

외솔의 옥중시 '임'의 명판

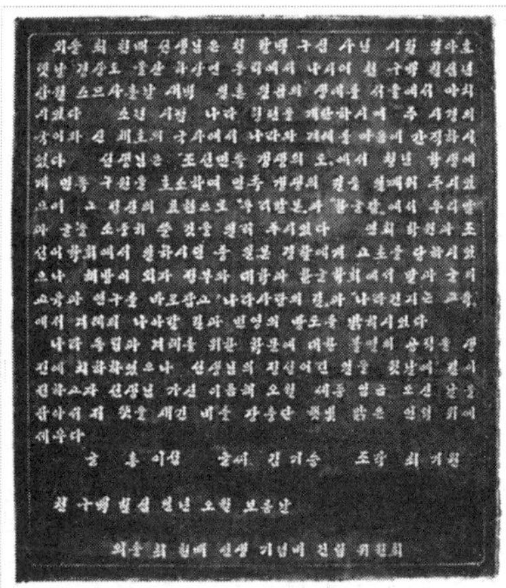

홍이섭 님이 지은 기념비 명문

외솔의 강의는 일정한 학단의 공간에만 한하지 않는다. 언제나 어디서나 학생을 만나는 그 공간이 바로 교육의 장이다. 제자의 편지를 교정 보아 되보내기, 서류를 받고(문과대학 학장 때) 그 자리에서 고쳐 주기, 또는 그것이 잘 될 때까지 되돌려 보내기, 즉석에서 말 고쳐주기 등이다.

외솔은 '평범의 위대성'을 강조한다. 진리는 평범한 데 있다는 것이다. 진리 아닌 것을 어려운 말이나 거창한 말로 포장하여, 진리인 것처럼 위장하는 것처럼 어리석은 일은 없다는 것이다.

외솔은 학문이란 없는 것을 억지로 만들어 내는 것이 아니라, 있는 것, 있었던 것을 살피고 발견하여, 이를 과학적으로 정리하고 체계를 세우는 것이다. 그래서 학문은 "늘 하는 것은 쉽지만 처음 당하는 것은 어려운 법이다. 사람은 하루 세 끼 밥을 먹고 살지만, 밥이 목구멍을 지나 위장으로 내려가는 과정을 설명하려면 매우 어렵다. 학문은 이와 같은 것이어서 그것은 어렵다"라고 설명하였다.

외솔은 거짓된 사람은 단연 배격한다. 거짓된 사람은 참사람이 아니라는 것이다. 이것은 외솔의 도덕관에 말미암은 것이다. 이점에서 다음의 말은 외솔의 어록으로 길이 전해지는 것이다.

"사람이 사람이냐, 사람이어야 사람이다."

외솔은 '외솔'이라는 아호가 성삼문의 절개의 시조에서 유래됨을 반영하듯, 불의에 타협하지 않는다. 그리고 한 번 옳다고 판단한 일에 대해서는 조금도 굽히지 않는다. 사람들은 이를 대쪽 같은 고집이라 하지만 이는 냉철한 이성, 강철 같은 의지력을 두고 한 말이다.

외솔은 이러한 의지가 있었기에 일제의 악형 속에서도 절개를 지킬 수 있었고, 한글파동(1953~1955)을 이겨낼 수 있었으며, 한글의 투쟁에서 승리할 수 있었고, 학문 연구에서 빛나는 업적을 걷을 수 있었던 것이다. 다시 말하면, 외솔의 한없는 나라사랑과 말글사랑과 학문의 업적은 그의 냉철한 이성과 올바른 판단력과 불굴의 의지와 신념의 소산이라 하겠다.

외솔은 불의를 물리칠 뿐 아니라 또한 근검절약하고, 분수를 지키는 것이 자신의 생활 철학이었다. 이미 문교부 시절에 도시락 싸가기, 종이 뒷면 다시 쓰기, 종이나 잉크는 사사로이 쓰는 것과 공적으로 쓰는 것을 구별하기, 관용차 사사로이 안타기 등은 잘 알려진 근검절약의 보기들이다. 외제품을 멀리하는 외솔은 빛바랜 모자에 허름한 옷에 헌 책가방 끼고 연세 백양로를 걸어 다녔다. 그가 석학 외솔 선생임을 모르는 학생들이 많았다는 이야기도 수긍이 갈만했다.

외솔은 그러면 그렇게 엄하기만 했던가? 그런 것만은 아니다. 다정한 점도 많다. 학교 행사의 일환이지만, 학생들과 북한산으로 삼각산으로 산행을 같이 하기도 하고, 학생들의 요청을 들어 교정의 잔디밭에 앉아 담소도 하곤 했다. 제자들의 병약을 걱정하기도 하고, 외솔 자신의 유학 시절에 병마에 시달리던 경험담으로 아픈 제자에게 위로를 주기도 했다. 어느 제자의 죽음에는 비통한 슬픔을 감추지 못했다. 한 해의 초하루가 되면 세배군이 문앞 성황을 이룬다. 외솔은 이 날만큼은 자신의 의견을 거의 들어내지 않는다. 그저 세배군 한 사람 한 사람의 지난 한 해의 이야기나 시국 이야기들을 열심히 듣는 편이다. 오히려 세배군으로부터 많은 정보를 얻으려는 쪽이었다.

외솔은 1928년 세례를 받고 새문안교회에 입교한 이래 1960년대까지 안수집사로서 일한 기독교인이었다(새문안교회 문헌자료집 제1집, 1987년 413쪽). "「우리말본」이 이루어질 때까지 몸을 지켜주옵소서"라고, 저녁 늦은 길 금하산 고개에서 하느님께 올린 일제하의 기도가 듣는 이의 폐부를 찌른다. 또한 "남쪽 쌀을 북쪽이, 북쪽 광물을 남쪽이 서로 주고받도록 은혜 주소서"라는 노천강당의 노교수의 기도소리가 지금도 심금을 울린다(김석득, 2000, 외솔 최현배의 학문과 사상, 138쪽).

외솔과 학교행정

외솔 선생은 깊은 학문 연구와 우리말글의 실천 보급과 대학 강의에 결강없는 수업을 하는 교수로 이름을 떨쳤다. 그러면서 또한 문과대학장(1954~1955)으로, 부총장(1955~1960)으로 그 어려운 학교 행정도 맡았다.

외솔의 교육의 이상은 분명하다. 그것은 일본 교토대학 졸업 논문(1925)에서 보인 페스탈로치의 교육사상의 실현이다. "연희는 나의 교육의 이상의 실현의 곳으로 선택한 곳이다." 이와 같이 말한 외솔의 교육에 대하여 다음과 같이 적었다.

> "교육은 사람 사회에서 가장 고귀한 기초 사업이니, 문화의 발달, 사회의 개량, 나라의 발전, 인류의 진의, 사람됨의 높은 가치 인식 및 실현, 하느님과의 관계의 깨침 및 믿음, 들 모든 좋은 일들이 이로부터 나오는 것이다(나라 건지는 교육, 1963, 167쪽).

외솔의 연희에서의 오랜 교육은 이러한 교육관에서 이루어졌었고, 또한 연세에서 맡았던 외솔의 교육행정이 자유 민주교육과, 민족 자주교육과 민족의 도덕교육에 역점을 둔 것도 외솔 교육관에서 도출된 행정 철학이라 믿는다. 그리고 이 행정철학의 근원은 연희의 설립 이념인 '기독교를 바탕으로 한 진리의 자유'에 자리 잡고 있었던 것이다(김석득, 2000, 앞의 책).

외솔은 젊은 시절부터 이룩한 학문의 큰 업적과 나라사랑의 실천과 학교 안팎으로 이바지한 공로로 연희대학교로부터 명예문학박사학위를 받았다(1955년). 그리고 1961년 5월(68살)에는 명예교수가 되어, 대학원에서 강의를 계속하면서, 서울대, 이대, 부산대, 동아대에서 강의를 하는 등 후진 교육에 크게 공헌하였다.

또 한편으로 한글학회이사장직에 세 번 피선되었고(56살에서 77살까지 21년간) 학술원 종신회원, 세종대왕기념사업회회장, 그리고 5·16 민족문화상을 받았다. 그리고 그가 세상을 떠난 뒤에는 정부에서 국민훈장무궁화장이 추서되었다.

4. 한글운동

우리나라 국어교육에 크고 뚜렷한 발자취를 남긴 분은 주시경 스승이다. 외솔은 말하기를 '우리의 배달말(조선말, 한국말)을 연구하는 사람들이 이 배달말 배달글자를 끔찍이 소중히 여기며 무한이 사랑하여 이를 위해서는 무엇이든지 아끼지 아니하는 정신을 직접 간접으로 다 저 한신샘 주시경 스승에게서 받은 것이다'라고 하였다. 1962년 3월 1일 정부로부터 한글연구와 한글을 지키는 투쟁으로 나라를 사랑하였다 하여 건국공로훈장을 받았다. 이처럼 외솔의 일생은 한글연구와 한글을 위한 애국투쟁의 한 평생이었다.

우리말본

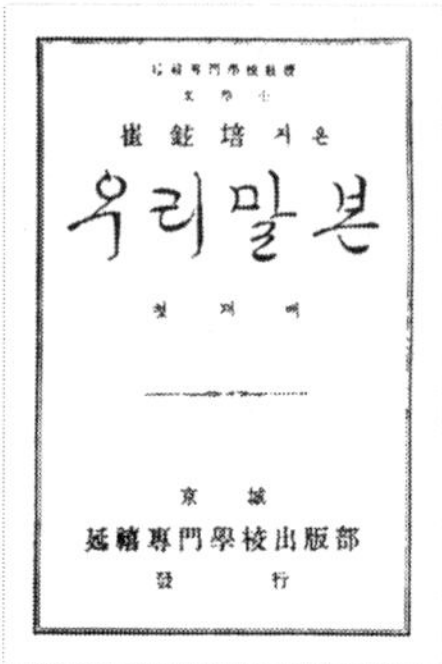

연희전문출판부에서 펴낸 〈우리말본〉 첫째매 표지 (1929년)

〈우리말본〉은 우리나라 근 현대의 학문 연구의 역사상, 4대 저서 〈최현배 : 〈우리말본〉, 〈한글갈〉, 김윤경 : 〈조선 문자 급 어학사〉, 양주동 : 〈조선고가연구〉〉의 하나이다. 그리고 〈우리말본〉은 〈한글갈〉과 함께 외솔이 세운 국학의 금자탑이다. 외솔은 〈우리말본〉을 짓기 시작하여(1920) 출판되기까지(1937) 무려 17년의 세월을 보냈다.

저 어려운 가운데서도 끈기와 창조적 학문에의 의욕으로 이를 해낸 일에 고개가 숙여진다. 외솔 자신도, 1936년 12월 31일에 적은 〈우리말본〉의 '꼬리말(발문)'에서 다음과 같이 회상하였다.

"… 돌아보건대, 내가 조선말을 배우기 비롯한 지 스물 일곱 해만이요, 이 책을 짓기 비롯한 지 열 일곱 해만이요, 박기를 시작한 지 한 해 반이다. 그간에 나의 인간에서의 행로가 그리 평탄하지 못하였다. 바람이 불거나, 비가 오거나, 세상이 어지럽거나 일신이 편찮거나, 오직 꿋꿋한 한 생각이 다만 이 일을 다 이루지 못할까를 근심할 뿐이러니, 이에 오늘에 다 됨으로써, 나의 반생의 의무를 짐부리게 되었으니, 스스로 안심과 기쁨과 감사의 정을 막을 수 없는 바가 있다(우리말본, 1937)."

〈우리말본〉은 최대의 과학적 체계를 갖춘 창의적 대저작이요, 우리말 연구의 금자탑이다. 그러므로 세계 언어학의 바이블이라는 블룸필드의 「언어(Language)」를 능가하는 책이다. 오늘날 나라 안팎에서 국어학 및 언어학을 연구하는 이 치고, 반드시 〈우리말본〉을 책상 머리에 같이 하지 않는 사람이 별로 없는 것 같다. 이 대작이 나왔을 때 당시 조선어학회 광고란에는 다음과 같이 평했다.

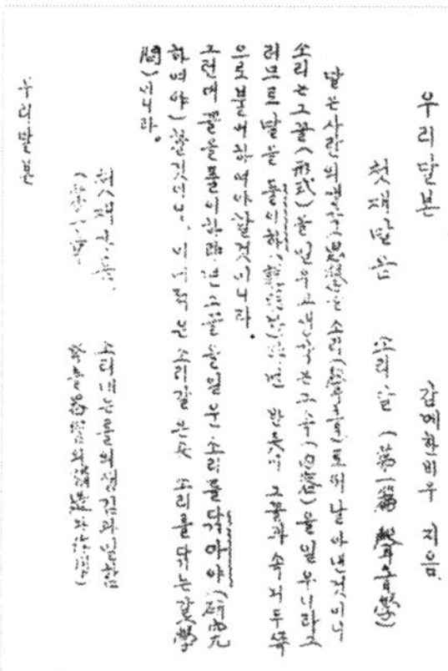

〈우리말본〉 원고본

"조선 어문의 금자탑 우리말본은, … 전 심혈을 경주하여 완벽을 이룬 조선어 문법서이다. 이것은 조선의 과학 문명이 수입된 지 50년 이래 최초 최대의 과학적 체계적 창의적 대저작이니, 실로 조선 어문이 생긴 이래 초유한 것이다. … 더욱 조선 어문이 초대 정리된 철자법과 표준어의 실행이 오늘날 우리에게 무엇보다 급무인 이때에 있어서, 본 서는 이의 완성자로서 그 사명을 오로지 다했다. 우리 어문의 통일을 도모하는 이는 이것으로써 출발점을 삼을 것이다(우리말본, 1937)."

한글갈

「한글갈」은 「우리말본」과 함께 우리나라의 4대 저서 중 하나로 뽑힌다.

「한글갈」의 지음이 완성된 것은 1940년으로 '조선어학회사건' 2년 전의 일이다. 이 책이 이루어질 때 얼마나 시대적 환경이 어려웠던가는 초판 때에 토로하지 못한 심정이 비로소 토로된, 1960년의 '고친판의 머리말'을 보면 잘 알 수 있다.

곧 거기에서, "중일 전쟁이 격렬해 갈 무렵에 폭탄이 서울에 떨어지기 전에, 몸이 죽기 전에, 그때까지의 한글 동지들의 연구한 결과를 적어서 뒷 세상에 전하여야겠다는 문화육성의 정성과 겨레사랑의 의무심에서 전심전력을 다하였음"을 밝히었다. 그리고 또 당시는 흥업구락부 사건으로 석 달 동안 왜경의 악독한 고문을 당하고, 일터에서 쫓겨난 때이며, 사회적으로 가정적으로 극히 불리한 형편이었음을 밝히고 있다. 그러나 그러함에도 이 책의 내용은 오히려 풍부하고 진리는 더욱 깊다.

외솔은 〈한글갈〉을 짓고 나서, "나는 나의 생명의 대가가 이 세상에 남게 된 것을 보고, 스스로 위안을 느꼈다"고도 했다. 〈한글갈〉은 우리 말소리나 우리 글에 관한 연구가 대종을 이루고 있다. 이러한 연구 업적으로 보면, 정인지의 〈훈민정음 해례〉, 신경준의 〈훈민정음 도해(운해)〉, 유희의 〈언문지〉 등이 있다.

근대 언어과학의 방법에 의한 규칙을 세운 음성학 연구로는 주시경 선생의 〈말의 소리〉를 들 수 있다. 그러던 것이 주시경 선생의 문하생으로 있을 때부터 연구한 외솔 선생의 말소리 연구가 1929년에 소리갈(〈우리말본〉 첫째 매)로 나와 현대 음성학의 큰 발전을 이룩했다. 여기에 더하여 음성학(및 문자학)의 역사적 연구와 음운론이 〈한글갈〉에서 굳건한 터를 닦게 되었다.

외솔은 '한글'을 우리 민족의 지적 산물 중 가장 위대한 것으로 확신한다. 그러므로 우리의 지적 탐구 중 가장 긴밀한 대상은 한글이라고 인식한다. 이러한 인식은 외솔이 한글갈을 연구하게 된 동기가 된다. 이와 같은 동기에서 연구하게 된 한글갈의 목적은 지적 탐구의 가장 긴밀한 대상인 한글을 체계화함으로써, 선각의 학문적 유업을 받아서 이를 잇는 데 있다.

이를 다음과 같이 분명히 밝히고 있다 : "위로는 신경준, 유희의 유업을 잇고, 아래로는 주시경 스승의 가르침의 유지를 이루고자 하였다(김석득, 2000, 앞의 책)."

외솔의 우리말글의 연구, 정리, 보급 및 자주민주교육은 일제의 항거 사상에서 이루어진 것이며, 해방 후 한자를 상대로 한 한글투쟁도 여기에서 근원을 찾을 수 있다. 1948년 10월 1일 한글 전용법이 국회에서 통과되고, 이것이 1948년 10월 9일에 정부법률 제6호로 공포되매, 외솔이 1949년 9월 25일에 '한글전용 촉진회'를 창설하고, 그 위원장이 되면서, 한글전용으로 새로운 '한글세대'와 '가로 문화' 형성의 씨를 심음도 그 근원사상은 여기에 있다.

외솔은 이러한 주의 주장과 실천을 함에 반드시 이론을 체계화하는 이론적 바탕이 있었고(조용란 : 한글전용 〈나라사랑〉 14집, 191쪽), 그것은 이론적 저서로 뒷받침하고 있다. 이것이 다른 사람이 미치지 못하는 외솔의 또 다른 선각자적인 점이다. 이제 한글만 쓰기의 주장의 이론적인 저서의 몇 개를 들면, 〈한글의 투쟁〉, 〈한글 바로 적기 공부〉, 〈배달말과 한글의 승리〉, 〈한글만 쓰기의 주장〉 등이다.

한글 파동

외솔은 편수국장을 두 번(1945~1948, 1951~1954) 하였다. 문교부 편수국장의 일을 맡아 민족교육을 위한 교과서 편찬은 물론이고 교과서에 쓰일 말 다듬기와 교육에 큰 방해가 되는 한자 정리에도 탁월한 공을 세웠다.

한글 파동은 두 번째 편수국장 때 일어난 한글의 수난이다. 6·25로 흐트러진 교육을 다시 만회하고자 한 것이 두 번째의 일을 맡은 것이 동기였다. 그러나 1953년 이승만 대통령의 고집으로 백두진 국무총리가 국무총리령 훈령 제8호로 옛 맞춤법 사용의 한글 간소화령을 내렸다. 이것이 역사적 오점으로 기록된 한글 파동이다.

이 부당성의 지적은 언론·교육·종교·지식인 단체·여러 학회를 비롯하여 외국에까지 파급되었다. 간소화안에 적극 반대한 최현배 편수국장과 당시 김법린 문교장관은 사면을 당하고 말았다. 간소화안에 대한 외솔의 부당성 주장은 치열하게 전개되었다.

드디어 1955년 9월 19일 이 대통령의 간소화안의 철회로 이 파동은 끝났으나 문화적인 발전은 그만치 늦어진 셈이다. 외솔은 간소화안의 부당성과 아울러 한자 쓰기의 주장에 대한 비판, 한글 기계화 등을《한글의 투쟁》(1954)으로 엮어 냈다. 1957년 10월 9일에 민족문화의 상징인 큰 사전 6권이 완간되었다(한글만 쓰기의 주장, 1999).

한글 기계화

외솔은 편수국장 시절에 한글 기계화를 위한 한글 타자기의 자판 통일을 추진하다가 사직하였다. 1957년에는 '한글 타자기 자판 합리적 통일위원회'를 구성하여 외솔을 비롯한 백낙준·공병우·박철재·주요한 등이 위원이었다.

이 위원회는 자유당 붕괴로 자판 통일을 기하지는 못했으나, 이것이 계기가 되어 한글학회 안에 '한글 기계화 연구소'가 생기고 그 소장의 일을 외솔이 맡았다. 이 연구소는 오늘날의 한글의 과학화·기계화의 기틀이 되었다(한글만 쓰기의 주장, 1999).

오늘날 한글의 기계화는 혁명기를 맞이하고 있다. 컴퓨터의 풀어치기가 모아치기(음절 단위를 한 번에 침)로 나아가면서 그 속도가 적어도 3배는 더 빨라진다는 사실이다. 한글은 이제 알파벳보다도 앞선 세계 최고의 우수성을 실증하고 있다. 실로 세종의 음운 글자의 창제는 물론 낱내(음절) 글자의 맞춤법에 대한 의미가 더욱 부여받는 현실이다.

세종대왕 기념사업회 창립

외솔 선생은 독립 자주적 사상과 민주적 사상과 창조 정신으로 이 겨레가 천추 만대에 발전할 수 있는 길을 열어 준 세종 임금을 역사 이래, 백왕을 초월하는 제일 성군으로 추앙하였다. 그리하여 세종 임금의 위업을 천추에 기리고 이를 본받을 목적으로 1957년에 세종대왕 기념사업회를 창립하고 그 이사와 부회장(당시는 문교장관이 당연직 회장이 됨) 일을 맡아 보았다. 이 기념사업회는 창립된 지 역사 37년을 헤아리며 국역 사업 등 그 업적이 찬란하다.

세종대왕기념사업회는 1968년 1월 7일부터 세종대왕실록(원명은 '세종장헌대왕실록')의 국역 사업에 착수하는 한편, 1968년 10월 9일 한글날에 세종대왕 기념관 기공식을 거행, 1970년 11월 19일에 이를 준공하였다. 그러나 외솔은 이를 보지 못하고, 1970년 3월 23일에 세상을 하직하였다.

세종대왕 기념관 기공식(1968년)

이 기념관에는 전시실도 완비하여 1973년 10월 9일부터 개관, 일반에게 관람시키고 있다. 그동안 외솔 재임시에 착수한 〈세종실록〉 국역과 〈세종대왕 전기〉 및 〈조선실록〉 등의 국역 발간을 비롯하여 많은 국학 자료도 발간하였다. 또한 한글 기계화 연구도 계속하여 왔다(박종국 : 세종대왕기념사업회와 외솔 최현배 선생, 〈나라사랑〉 제35집, 33쪽). 한편 그동안 〈교양국사〉를 발간하고, '고전 국역'과 '한글 고전 역주' 사업, 〈조선실록 인명색인〉 편찬, 학술지 〈세종학〉 발간, '한글 글자체 공모전' 개최, '한글 글자체 개발' 등의 활동을 계속하고 있다.

학술원의 활동

한글학회의 학자들과 함께 우리말의 〈큰사전〉과 〈중사전〉을 펴낸 외솔은 한글을 갈고 닦은 공로와 학문이 높이 평가되어, 1958년 7월 15일(65살)에는 학술원 인문과학부 부장을 맡게 되었다. 그리고 이날 정기총회에서는 학술원 부회장으로 당선되고, 또한 학술원 임명회원으로서 종신회원이 되었다.

제 2 장

조선 민족 갱생의 도

1. 조선 민족 갱생의 도(1926년)를 쓰게 된 동기와 목적

일찍부터 남보다 앞지르는 예리한 판단력을 가진 외솔은 조선조 500년의 사상적 근간인 유교사상에 대한 부정적 시각과 유교사상에서 파생되는 서당식 한문교육의 죄상을 비판의 도마 위에 올린다. 곧 그 서당식 교육은 국민의 지적 쇠약증을 가져와서 온갖 병증을 깊게 부르는 원인임을 밝히고, 더욱 일제의 민족 말살 정책이 치닫는 역사적 현실 앞에서 민족이 다시 살아날 방법을 모색하는 논문이 「조선 민족 갱생의 도」이다.

나라 잃은 백성으로서 정복자의 압제 정치 아래에서 목숨을 살리면서 공부를 하자니 압박과 설움, 수치와 통분 속에서, 현재를 견디며 장래를 근심하기에, 남모르는 마음의 고생은 끊일 날이 없었다. 살기는 무엇을 위하여 살며, 공부는 무엇을 위하여 하는 것인가?라고 외솔은 확고한 인생관과 국가관 및 민족관을 말하였다(나라사랑, 제10집 "나의 걸어온 학문의 길").

외솔은 일본에서의 10년 유학의 학창 생활은 줄곧 이와 같은 심정이었다고 토로한다. 외솔은 그러한 심정으로 교토대학 문학부 철학과(교육학 전공)를 마쳤다(1922. 4. 22~1925. 3. 31). 그리고 이어 그 대학, 대학원을 수학하는 동안(1925. 4. 25~1926. 3. 24) 나라 외국어 학교에서 조선어 교수로 1년간 시무하면서, 나라켄 야마나베군 어느 한적한 농가에서 「조선 민족 갱생의 도」를 지어, 최고 학부를 졸업하는 선물로 사랑하는 겨레에게 바친 것이다.

이로 보아, 이 글을 지은 동기는 불우한 민족의 역사를 인식하면서 현재의 빈사 상태에 놓여 있는 겨레를 다시 살리려는 데 있었다고 할 것이다.

경성고등보통학교(현 경기고등학교) 5학년 때의 졸업 사진

다시 말하면, 특히 1910년 경성고등보통학교에 입학하자 1905

년 을사보호조약으로 말미암은 나라 잃음의 비통한 경험을 교토대학 대학원 시절까지 하면서, 나라 잃은 백성으로서 압박과 설움, 수치와 통분 속에서 이를 견디면서, 민족을 되살려 보려는 것, 이것이 이 글을 지은 동기요 목적이라 하겠다(김석득, 2000, 외솔 최현배의 학문과 사상, 31쪽).

2. 〈조선 민족 갱생의 도〉의 내용

이 논문은 그의 나라사랑, 겨레사랑의 구체적인 실현방안에 관한 내용이다. 그 내용의 틀은 크게 1. 민족적 질병의 진찰, 2. 민족적 쇠약증의 원인, 3. 민족적 갱생의 원리, 4. 민족적 갱생의 노력으로 되어 있다. 그리하여 1. 민족적 질병으로는 ① 의지의 박약함/ ② 용기의 없음/ ③ 활동력의 결핍함/ ④ 의뢰심의 많음/ ⑤ 저축심의 부족/ ⑥ 성질의 음울함/ ⑦ 신념의 부족함/ ⑧ 자존심의 부족함/ ⑨ 도덕심의 타락/ ⑩ 정치 경제적 파멸을 들고 있다. 그리고 2. 민족적 쇠약증의 원인으로는 ① 이조 500년 간의 악정/ ② 사상 자유의 속박/ ③ 자각 없는 교육/ ④ 한자의 해독/ ⑤ 양반 계급의 횡포/ ⑥ 번문욕예의 누설/ ⑦ 불합리·불경제의 일상생활 방식/ ⑧ 조혼의 폐해/ ⑨ 나이 자랑하기/ ⑩ 미신의 성행을 꼽고 있다. 또 3. 민족적 갱생의 원리에서는 ① 민족적 생기를 진작하라/ ② 민족적 이상을 수립하라/ ③ 우리 민족의 시대적 이상을 파악하라/ ④ 조선 민족의 특질: 1) 의적 방면, 2) 정적 방면, 3) 지적 방면/ ⑤ 민족적 갱생에 대한 확고한 신념의 필요/ ⑥ 일어날 듯한 비평에 대하여로 짜여져 있다. 한편, 마지막의 4. 민족적 갱생의 노력에서는 ① 신교육의 정신/ ② 계몽 운동/ ③ 체육 장려/ ④ 도덕의 경장/ ⑤ 경제의 진흥/ ⑥ 생활 방식의 개선/ ⑦ 민족 고유문화의 발양/ ⑧ 여론 / ⑨ 갱생 노력의 방식/ 끝맺는 말로 마무리하고 있다. 그리고 맨 앞에 머리말과 서언이 있다(박선영, 2000, 나라사랑 100집).

조선 민족의 대다수를 식민지 문맹 상태로 억류하고 민족의식을 말살하려 할 때, 외솔의 이 조선 민족 갱생의 도는 우리 민족이 다시 사는 실천상의 이상을 보인 것이요, 외솔의 학문 연구와 민족문화운동은 그 이상의 기본적인 실천이었다. 그러므로 이 글을 이어 나가매, 우선 갱생의 도의 근저에 흐르고 있는 정신은 무엇이며, 민족의 쇠약과 병증은 무엇이며, 그 갱생을 위하여 민족이 걸어야 할 참다운 실천적 이상의 길은 무엇인가를 파악하고, 그 길을 몸소 걷기 위하여 어떻게 실천궁행하였는가를 밝혀 보기로 한다.

「조선 민족 갱생의 도」의 근본 사상과 정신

이제 망국의 비통과 설움의 심정은 「조선 민족 갱생의 도」를 낳게 하였다 하였는데, 그러면 그 글 속에 들어 있는 근본 사상과 정신은 무엇일까?

첫째, 그것은 "조선에 나서 조선을 사랑하며, 조선을 위하여 일할지어다"에서 볼 수 있는 범민족 범애국적 사상이다.

둘째, 그것은 '조선 생명'의 발동의 대정도를 소신으로 하는 조선 생명 사상이다. 다시 말하면, 조직의 여하를 막론하고, 생명의 생기가 왕성한 민족은 흥하고 생기가 미약한 민족은 망한다는 것이다.

그리고 조선 민족의 갱생과 융성은 단순한 외적 세계의 수동적 변화에 기대할 것이 아니라, 차라리 외적 세계의 변혁에 대한 능동적 분투, 창조적 활동에 말미암을 것이라고 하였으니, 이는 조선 생명의 발동의 대정도적인 정신이라고 할 수 있다.

또한, 이러한 사상은 20세기 초 조선 민족의 수난기에 생을 받은 한 사람으로서, 정성과 견식을 다한 민족적 갱생의 근본도로 생각한다는 것이다. 나아가서, 이와 같은 것은 한낱 유심론으로서가 아니라 실천상의 이상주의로 주장함을 특히 강조하고 있다.

셋째, 그것은 민족 자각의 정신이다. 이 민족자각의 정신은 이 글 전체에 흐르는 대동맥이다.

> "조선에 나서 조선을 사랑하며 … 아무리 생각하여도 나는 조선 사람이다. 자기를 구하려거든 먼저 민족을 구하라. 세계인이 되기 전에 먼저 조선인이 되라."

이것은 민족 갱생의 근본이 민족정신의 자각에 있음을 보인 것이다(김석득, 1973, 나라사랑 10집).

민족에 대한 병리학적 진단

'갱생'이란 '다시 산다'는 뜻이다. 다시 산다는 것은 병증이 심하여 죽음의 상태에 놓여 있다는 것을 전제하고 있다. 아주 죽어 있는 상태는 아니다. 아주 죽었다면 다시 살 수는 없다. 그러므로, '민족 갱생의 도'란 심한 병증에 있는 우리 민족이 다시 살아날 수 있는 길이라는 뜻을 함축하고 있다. 곧 살 수 있는 여지가 있다는 데서 갱생의 도가 나온 것이다.

민족 갱생을 위하여 외솔은 먼저 병자의 상태에 놓여 있는 조국을 의사의 자리에서 심리적, 정신 병리학적인 분석을 통하여 다음과 같은 진단을 내렸다. 이제 「조선 민족 갱생의 도」에서 분석한 병리학적 진단(18~43쪽)을 다음에 간추려 본다.

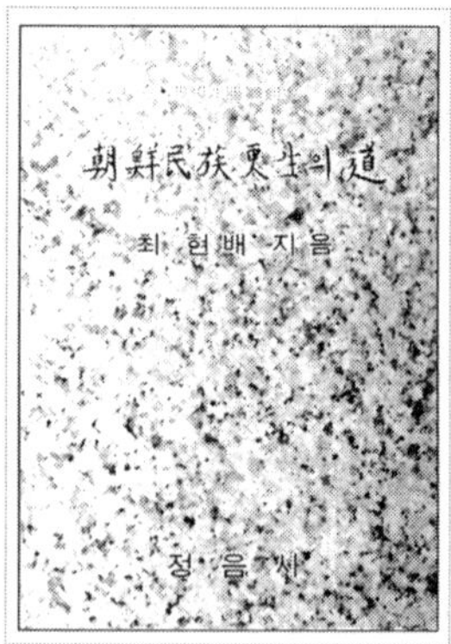

해방 후 개정된 책표지

의지가 박약하다

우리 민족은 민족적 쇠약증에 걸려 있다. 그리하여 조금만 어려워도 감내하기 어려워하며, 작은 일이라도 완성하기가 어렵다. 따라서 무슨 일이든지 시작할 때에는 발로 태산이라도 옮길 듯이 하지만 곧 열이 식어서 그만 전연 버리는 일이 많다. 다른 말로 말하면 어떤 일에 대하여 확고부동한 의지로 초지를 관철하는 사람이 적다. 그리고 자기 모순한 행위를 하여 자가 당착의 언론을 토한다. 그 생활은 기분 내키는 대로 사는 생활이다(18~21쪽).

용기가 없다

생활력이 쇠잔하였으니 분투성이 없으며, 모험성이 없으며, 반항심이 없다. 이는 생활력이 쇠잔한 자의 특징이다. 맨손으로 범을 잡으며, 맨발로 강을 건너려는 용기는 참용기(진용)는 아니나, 의기가 발발한 자에게는 그러함 저용(함부로 뛰는 용기)이 있는 법이다.

이 저용은 실로 참용기의 기반이며 소질이다. 참용기의 기반인 저용 없음에서는 참용기가 나올 터무니가 없다. 치욕을 치욕으로 여기어 이를 씻으려 하는 것도 용기가 있기 때문이며, 반항할 줄 알며 죽을 줄을 아는 것도 용기가 있기 때문이다. 그런데 우리 근대의 조선 사람은 적의 총검 아래서 살 줄은 알았어도 죽을 줄은 몰랐다(22~23쪽).

활동성이 부족하다

쇠약증에 걸린 사람이 활동성이 결핍함은 당연한 현상이다. 이 활동성의 결핍으로 말미암아 물질적 방면 뿐 아니라 정신적 방면도 극도의 황폐에 빠져 버렸다.

그리하여 노동과 근로 역작은 크게 꺼리고 수치로 아니, 상공업이 발달하지 못하고, 신라의 과학과 예술은 다만 신라인의 것으로 마쳤으며, 고려의 과학과 예술은 고려인의 그것으로 마쳤으며, 조선조 초엽의 제반 발명과 창작은 조선 초엽인의 그것으로 마쳤을 뿐이요, 결코 문화의 흐름이 현재의 조서의 심중에 흐르지 아니한다. 공허한 현상에 젖은 우리 눈에는 신라 문화는 기적으로 비친다.

4천년이나 써오는 우리말도 남의 손에서 문법과 사전이 먼저 되고, 역사는 남의 손에서 한없이 개조와 유린을 받는다. 언어와 역사(이 두 가지가 실로 인류의 고귀한 보물이요 특징이다)가 외인의 연구 활동의 재료가 되어도 조선인의 태반은 등한한 일로 보고 만다. 우리 조선 민족의 마음밭은 진실로 황폐하였다(23~26쪽).

의뢰심이 많다

의뢰심이 기력이 쇠약한 사람에게 필연적으로 일어나는 심경이다. 우리 가운데는 자기는 조금도 노력을 아니하고 남의 결과를 의지하려 하며, 또 의지하는 것이 당연하다고 하는 사람이 적지 아니하다.

우리의 의뢰심은 매우 발달하여서 친족 친척을 의뢰할 뿐 아니라 돌아간 조상까지 의뢰하는 나머지, 살아 있는 부모는 대수롭지 않게 여기면서, 오히려 조상의 묘자리 잘 쓰기에 돈을 아끼지 아니한다.

이는 그 힘을 빌어 내가 잘되어 보겠다는 허황된 의뢰심에 말미암는 것이다. 이러한 의뢰심은 다른 민족에 대한 의뢰심으로도 나타나서, 우리 근대 정치사에서 보이는 친청파, 친일파, 친로파의 파당들이 형성되어, 결국 자기 존재의 유지를 못하기에 이르렀다. 그런데 아직도 우리는 생존의 대법이 자기 활동, 자기 신뢰에 있음을 철저히 인식하지 못한다(26~29쪽).

저축심이 부족하다

자기의 노력으로 현재를 살아나고 더욱 장래의 생활의 안정과 번영을 위하여, 남는 재물은 저축해야 한다. 이러한 저축심은 현재 생활의 영구한 발전을 위한 생활 의지의 발로이다.

사람이 다 상당한 저축이 있기를 바라는 것은 무리이나 어느 정도의 수입이 있는 이는 절약으로써 집안의 경제의 안전을 꾀함이 옳겠거늘 오늘의 사회는 그러하지를 못하고, 저축심이 없는 일면에 사치가 성행한다. 조상이 피땀 흘려 전해 준 전답을 외인 자본가의 손에 팔아 가면서 사치에 전력하니, 국민의 사치가 망국의 일인 것은 명백한 사실이다(29~31쪽).

성질이 음울하다

생활은 전진이다. 그러므로 생활력이 강렬한 젊은이는 과거를 추억할 여유를 가지지 아니한다. 그에게는 항상 내일이 있을 뿐이다. 항상 장래라는 희망이 있을 뿐, 민족된 욕망에 붙잡히지 않는다.

이와 반대로 노인은 과거를 미화하고 자랑하며, 젊은이의 현재를 믿지 아니한다. 근대 조선 민족의 생활은 수구적이고, 장래보다는 선조 숭배가 큰 관심처였다. 요컨대 우리 조선 사람의 생활은 진취적이 아니요 회상적인 것이었으니, 이것은 미래에 대한 약진을 보지 못하는 음울한 성질이라 하겠다(31~33쪽).

신념이 부족하다

신경쇠약자는 자기에 대한 신념이 박약하다. 이 신념이 박약한 증세는 점차 타인에 대한 신념까지도 없어진다. 우리 조선 사람은 자신이 적으며 더구나 남을 믿지 못하고 항상 서로 의아하며, 음해하는 가증할 사실의 역사를 가진 것은 지울 수 없다. 이러한 유래는 신념의 부족에 있다(33~34쪽).

자존심이 부족하다

의지가 박약하며, 용기가 적으며, 의뢰심이 많으며, 신념이 결여하니, 자존심이 부족한 것은 당연한 귀결이다. 자존심의 존재는 타성적, 감정적 존재이고, 자존심의 소멸은 현실적, 이지적 소멸이다. 또한 자존심 없음은 자기 무가치의 절감이다. 사람은 이 자존심이 있으므로 사회의 도덕과 질서가 유지되는 것이다. 이 자존심의 타락은 인격적 파멸을 의미한다(34~35쪽).

도덕심의 타락

도덕은 인류사회의 진정한 생활의지의 발로이다. 그러므로 도덕심이 타락하면 국가 사회는 쇠망의 비운을 면할 길이 없다. 공사라고 빙자하여 사실은 사복을 채우는 예가 허다하다. 구한말에 국채 보상이란 운동을 보면 갹출된 재화는 소위 몇몇 애국지사의 개인 주머니에 들어가고 말았다. 이와 같이 공을 팔아 사복을 채우는 몰염치한 일이 아직도 남아 있다. 우리 민족은 공적 도덕심이 타락해 있다(35~38쪽).

정치 경제적 파멸

여러 가지 증세가 첩첩한 결과, 우리 민족의 정치가 일인에 의해 행해지는 데서 받는 많은 속박은 이루 말할 수 없다. 그밖에 우리 경제적 파멸의 현상은 특히 주목된다. 농업 경제의 현황을 보면, 농가를 지주, 자작농, 자작 겸 소작농, 소작농, 궁농의 오계급으로 나눌 때, 소작농이 가장 많고 궁농의 수도 경시할 수 없는 현상이다. 이들의 수지는 보잘 것 없어서, 혹은 서북간도로, 혹은 일본으로 유랑할 수밖에 없는 현상이다. 곧 우리나라는 정치라는 가장 중요한 권력의 자루가 없어지고, 경제라는 인간 생활의 기초가 없어졌다(38~43쪽).

이상의 열 가지는 외솔이 진찰한 조선 민족의 상세한 병증을 요약해 보았다. 외솔은 이러한 병증의 적발에 대하여, 그 가혹함을 비판한 것이겠지만, 이는 쇠약증에 신음하는 조선 민족을 하루라도 빨리 소생시키려는 간절한 마음에서 사랑하는 환자의 질병을 가혹하리만큼 자세히 관찰한 데 지나지 아니한 것이라고, 그 진찰의 의미를 부여한다.

명의는 바로 약을 쓰지 않는 법이요, 병 증세를 자세히 관찰하고, 그 병의 근본 원인을 파악한 뒤에야 약을 쓰는 법이다. 외솔은 이러한 쇠약증의 근본 원인이 무엇인가를 우선 따졌다.

민족적 쇠약증의 원인

외솔은 이상에서 조선민족의 쇠약증의 병세를 진단했거니와, 다음으로 그 병의 치료를 위하여 그 병의 근원적 유래를 탐구하기로 한 것이다. 그리고 유래의 탐구의 초점은 그 병의 시작은 언제이고, 또한 그 병은 민족 고유의 것인가의 문제에 맞춘다.

외솔은 병의 발상 시기는 비교적 근대로 보고 있다. 고대 조선 민족이나, 단군 시절의 문화, 강대 융성한 고구려, 찬란한 문화의 신라, 정교한 공예 문화의 고려, 세계적 발명과 창작이 이어진 조선조 초엽은 병의 증세가 없었다고 판단한다(44쪽).

다시 말하면, 병의 근원의 시초는 조선조 이래라는 것이다. 그렇다면, 그때의 병의 근원은 무엇인가? 라고 묻고, 이에 대한 대답을 자세히 고찰했다(45~101쪽). 다음에 이를 간추리되 필요한 곳에 글쓴이의 의견을 붙인다.

이조 500년 동안의 악정

이 태조는 북방의 무인인 용맹스러운 남아로서, 고려의 사직을 정복하고 임금이 되었다. 그러나 속환이(환속한 중)가 동냥을 안준다는 격으로, 오히려 북쪽 사람이 무로써 북녘을 꾀할 위험이 있다 하여 무관을 억누르고, 극단적으로 문과를 숭상하였다. 이것은 마침내 한나라의 백성이 모두 문약의 폐에 떨어져 버리는 원인이 되었다. 그리하여 이 문약은 결국 육체적 노동을 천시하는, 이른바 육체 노동을 크게 꺼리는 경향을 낳고 말았다. 여기에 용기와 근로 역작의 기풍이 사라졌으니, 이는 조선조의 큰 실정이요, 이 실정은 민족의 쇠약증의 큰 원인이 되었다(45~46쪽)고 외솔은 판단하였다.

사상의 자유가 묶였다

조선조 500년간의 전형적인 유교 사상은 공-맹의 도를 치국의 도로 삼았으니, 이는 자가의 기반을 튼튼히 하려는 치자의 정강이었으므로 유교 이외의 사상은 일체 엄금하였다. 그 억압한 사상에 대하여 외솔은 다음과 같이 적고 있다.

불교 억압 신라 고려 천백년간의 정성 육성하던 불교를 압박했다. 절을 부수고 논밭을 몰수하고, 도성에 염불을 금하고 부처상을 군기로 만들며, 승려의 도성 출입을 금하였다. 따라서 불교 사상은 그 개척의 여지를 만들지 못하였다.

도교 억압 고구려 보장왕 때 당으로부터 수입된 도교는 조선조 초엽에는 그 학설을 강구하더니, 선조 때에 이르러서는 노자 장자의 학을 억압하였다. 이 또한 사상의 자유를 속박한 역사적 사실이다.

기독교 억압 1986년(숙종 12년)에 밀입된 기독교는, 정조 때 서학을 금압함으로부터 고종 때의 대원군의 쇄국정책의 오만한 호기로 양민의 참극에 이르기까지 억압을 받았다. 이로 인하여 병인양요(인천에 상륙한 프랑스 함대와의 싸움)가 일어나고, 그 결과 천주교 사상을 금압했다. 이 일련의 과정에서, 조선 민족이 세계 문명의 조류에 접촉하여 20세기의 생활 무대에서 세계인과 함께 발전할 기회를 잃은 것은 크게 탄식하여 마지않는다. 사상 자유의 속박이 나라를 열고 진취적으로 발전할 수 있는 기회를 빼앗고 말았다.

동학의 박해 유교로써 나라 다스림의 근본을 삼는지라 나라 밖에서 들어온 "도, 불, 기" 삼교뿐 아니라, 나라 안에서 대응하여 근세 대사상가 최재우가 일으킨 동학도 금압을 면치 못하였다. 최재우는 비참한 최후를 마치었으나, 이로 인하여 "갑오 동학란"이 일어나고, 필경에는 외국의 간섭을 초래하였으니, 사상의 자유의 속박이 우리나라의 부끄러운 역사의 한 원인이 되었다.

우리 유교의 한계성 유교에서 "인, 의, 예, 지"는 입교의 원리이요, "효, 제, 충, 신"은 그 행위의 규범이요, "이용 후생"은 그 경륜의 안목이다. 우리나라의 유교는 공자·맹자의 유교도 아니요, 오로지 정자·주자의 유교다. 유교 경전의 해석도 다른 의견은 일체 금지되어 그들의 주석대로 강요했다. 사람의 사상은 활동하지 아니하고 정체하면 그 사상은 발전하지 아니한다. 사상의 활기와 발전함이 없는 사회는 침체하고 부패하며 타락한다.

그런데 일본과 중국은 다르다. 일본에서는 덕천 막부시대에 주정학파에 만족하지 않고, 양명학파, 고학파, 복고학파 등이 있었는가 하면 자아의 정신과 비판의 안목도 있었다. 중국에서도 정자 주자의 성리학에 만족하지 않고, 이를 비판하는 육상산 등의 논의는 중국 유학사상에 특기된다(46~52쪽).

이상 외솔의 논지에서 주체성이 없는 우리의 사상의 자유의 억눌림이 민족의 쇠약증의 원인이 되었음을 잘 이해할 수 있다.

자각없는 교육

새 교육의 제도와 방법으로 옛날 서당교육을 비평한다면, 옛 서당교육은 아이들의 본성을 무시하여 그 활기를 말살시키는 결점이 있다 하고(53쪽), 그러나 외솔이 밝히려는 더 근본적인 것은 우리 교육에 지각이 없었다는 점이다.

다른 나라의 경서나 역사나 문학을 읽을 때는 그것이 다른 나라의 것이요, 우리의 것이 아니라는 분명한 의식을 가지고 읽어야 하는데, 구식교육에서는 역사 정신의 가장 중대한 요소인 시간과 공간의 관념조차 없었음이 그것이요, 조선 사람은 30, 40 많으면 한 평생을 읽어도 그 참뜻을 깨우치지 못하다가 상당한 나이에 달하면 희미한 의식이 없지 않지만, 투철한 자각이 없었음이 또한 그것이다.

우리의 역사책이 있어도 이를 가르치지도, 스스로 읽지도 않았음을 외솔은 지적하고 있다. 그리고 역사를 동경하는 것은 중국의 한나라, 은나라, 주나라 등 삼대의 정치적 이상의 실현을 구가했으며, 초나라 한나라 8년의 풍진은 가장 흥미를 끄는 곳이었음을 밝히고 있다.

반면에 자기의 나라 조선 민족이란 어떤 것인지도 무엇인지도 모르면서 당송의 시문은 입이 닳도록 외우지마는 조선 문장가의 시문은 알 바가 아니었다고 밝히고 있다. 그리고 "자아의 발견을 못한 사람이 자아 생활의 발달에 대하여 어떠한 힘도, 정신도 쓸 수 없음은 당연한 귀결(54쪽)"이라고 결론지었다. 이는 외솔이 민족의 쇠약증에 걸리는 원인을 교육의 역사 현상을 통하여 분명히 밝힌 것이다.

한자의 해독

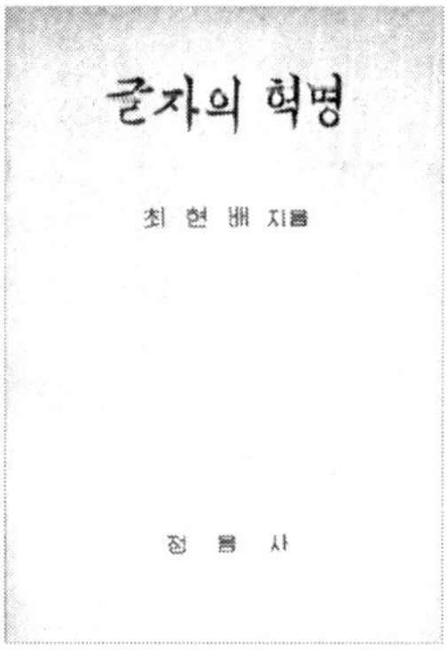

글자의 혁명, 1947년 간행

근대 조선 사람의 교육은 위에서 본 바와 같이 자각없는 교육이었다. 그리하여 조선 사람은 완전히 제 혼을 잃고 제 것을 지키지 못했다. 세종은 세계에서 가장 훌륭한 '한글'을 지었지만 후대로 오면서 모든 문장과 관(공)사의 기록이 다 한자, 곧 원시적 미발달의 문자로 세상 사람이 공인 공지하는 그 한자를 전용하였다. 외솔은 이와 같이 지적하면서 제나라의 말과 글을 무시하고 남의 글로 된 말만 중시하여 힘씀을 어리석고 가소로운 일이라고 개탄한다.

외솔은 문자의 기능에 대하여, "문자는 문자 그것이 목적이 아니며, 귀중한 가치가 아니라, 그 문자로 말미암아 표현된 사상과 감정의 전달이, 목적이며, 가치이다(56쪽)"라고 분명히 밝혔다.

그런데도 선대의 사람은 한자를 배우려 수 십년, 많으면 평생을 바쳐도 통달하지 못하였으며, 자유로 사용하지 못하였으니, 이는 학습의 목적인 사상과 감정의 발달은커녕, 그 발표할 감정과 전달할 사상 그것조차 배양되지 못하며, 발달되지 못하고, 다만 침체하고 부패하였을 뿐이라고 했다.

이리하여 그 글로 말미암아 할 일도 볼 일도 하나도 챙기지 못하고 죽었기 때문에 그 다음 대에 전할 만한 공적과 사업은 없고, 다만 밀린 일 채무만 전했을 뿐이었으니, 20세기 초두의 우리 조선 민족은 그 채무로 인하여 파산하고 말았다고 외솔은 비판한다.

그러면서, 한자의 학습에 허비한 민족적 정력의 소모와 민족적 생기의 위축함이 얼마나 크며, 그로 인한 잘못된 결과가 얼마나 끔찍한 일이며, 본말의 전도와 목적 수단의 착오가 준 해독이 위에 더 심할 수 있으랴고 외솔은 개탄한다. 결국 외솔은, 한자 "이는 우리에게 정히 망국적 문자이었다(58쪽)"라고 규정지었다.

요는 외솔은 민족 쇠약증에 이 한자의 해독을 가장 핵심적인 원인으로 본 것이다. 생각하면, 주체적인 한글의 오로지 쓰임의 역사는 이미 세종의 지음인 〈월인천강지곡〉에서 부터이니, 그것은 한글 전용의 싹이라 하겠다.

그러나 그 뒤 사대사상과 역대 치정자의 언어 문자 정책의 소홀로 한글 쓰기는 암흑기를 이루어 19세기에까지 이르렀다. 갑오개혁 이후 근대화의 물결 속에서 일어난 자각의 사상은 1896년 순한글로 된 '독립시문'을 나오게 하였으니, 이는 서재필 박사 등 다른 선각들과 함께 특히 주시경 선생의 연구와 자주사상이 뒷받침한 것으로 안다.

외솔은 바로 주시경 선생의 제자이다. 그러므로 외솔의 「조선 민족 갱생의 도」에서의 한글의 역설은 스승 주시경 선생의 말글

사상을 이어 받은 것임은 물론 우리의 사상사적 배경에서 이해하여야 할 것으로 안다.

주시경 선생 묘비 앞에서 한국학회 회원들과 함께(1960년)

양반 계급의 횡포

조선의 양반 계급은 사람 사는 세상에서 가장 불합리하고 가장 부당한 이득을 본 계급이다. 인격이 열악한 사람이라도 양반의 피를 타고 나면 오늘 벼슬을 얻고, 내일 또 한 등급 올라가 분에 넘치는 영광을 얻는다. 물론 양반의 시조는 만인의 존경을 받을만한 인격자였을 것이다.

그러나 양반 자체가 반드시 총명할 리 없지만, 한 번 양반의 자손으로 태어나면 대대로 양반이라 하여 도리 밖의 특권을 누리었다. 그러므로 이해에 밝은 사람들이 한 평생 한자・한문의 학습을 일념한 것은 아마도 그 효용이 큰 양반이 되고자 함에 있었으리라. 이른바 양반의 곁가지 종류인 토호토반도 각 향촌에 생겼다.

양반은 큰 권한을 가지고 큰 도둑질을 하고, 토반은 작은 권한을 가지고 작은 도둑질을 하니, 상민은 입이 있으되 말을 못하며, 손발이 있으되 자유롭지 못하여, 그 인권은 전연 유린되었고, 그 이익은 강탈되었다. 상민의 근로 역작과 검약 저축의 결과는 오히려 죄가 되고 벌을 받을 뿐이었다(59~60쪽).

외솔은 이와 같이 양반계급의 횡포를 폭로하고, 오늘날 우리 민족의 생활에 태만의 기와 빈한의 상이 깊게 병듦은 이에 기인함이라 결론 내린 것이다.

번거롭고 까다로운 예법

예절은 인간 생활을 미화하는 힘을 가졌다. 그러므로 외솔은 사람살이에서 다소의 형식의 예절이 필요하다고 믿는다(60쪽). 그런데 생기발랄한 개인이나 민족 국민은 그 예절의 외부적 형식에 일삼지 아니하고, 오직 "삶의 힘찬 흐름", "생의 격류"의 한가운데로 보고 약진하며, 거친 땅을 개척함으로써 물적 생활이 튼튼하며, 외적인 수모를 방어하며, 내적으로도 엄한 존재가 됨은 동서고금의 민족사가 증명한다.

그러나 내부에서 충만한 생의 약동이 없고 외부에서 닥쳐오는 생의 위협을 받으면(노년의 경우와 같이), 형식의 구속을 벗어날 원기를 잃고, 항상 외부적 형식이 관심사가 된다. 이리하여, 항상 예의 외부적 형식을 너무 중시하여 일동 일정 모든 움직임이 모두 예절의 구속을 입으면, 그 허식의 독이 개인이나 민족 국민이 모두 망자를 부르는 원인이 된다. 이와 같이 논하면서 외속은 우리의 역사적 사실을 다음과 같이 밝혀 경고한다.

조선조 때의 인습을 보면, 조선조의 원기가 쇠퇴함에 따라, 온갖 예절이 우리의 생활을 구속하는 일이 매우 심했다. 그리하여, 양반자제의 행동은 손 발 하나라도 움직이기가 쉬운 일이 아니었다. 인간대사인 관혼상제에 관한 모든 동작은 일정한 형식에 맞아야 한다. 조선조 500년간 소위 학자란 이들의 연구의 중심과 논란의 초점은 항상 예절에 관한 것이었다(62쪽).

결국 외솔의 논지를 한말로 보면 이러하다. 곧 과다한 예절은 생기 타락이 부른 결과인 동시에, 또한 그것은 개인이나 국가 민족이 쇠망하는 원인이 됨은 동서고금의 민족사가 증명하는 보편적 진리라는 것이다. 그리고 조선조의 지나치게 번거롭고 까다로운 예절은 생기 타락에 말미암은 것이고, 또한 그것은 우리 민족 쇠약증의 한 원인을 세공했다는 것이다.

불합리하고 비경제적인 일상생활의 방식

외솔은, 일상 의식주생활의 방식이 번거롭고 불합리하면, 도저히 그 재능과 활동성을 발휘할 기회를 얻지 못할 것이라 하고, 우리 민족의 일상생활 방식은 매우 불합리하고 비경제적이어서, 민족의 활동이 적지 않게 저지되었음을 지적하였다.

그 실례로 먼저 '살이(주)'에 대하여 말한다. 조선 가옥이 작은 초가이므로 살기에 군색하여, 활기를 막음을 들었다. 또한 조선의 구들(온돌)은 난방법의 발달사로 보아서는 진보적인 것이다. 다만 그 구들을 이용하는 사람들이 과학적 지식과 경제적 두뇌와 발명 개량적 정신이 없다.

두께가 한치나 되는 서말찌, 너말찌의 큰 솥을 걸어 놓고서, 수십 명이 먹을 밥을 할 적 뿐 아니라, 한 두 사람의 밥도 다 같이 이 큰 솥에 한다. 쌀 서너 홉 솥 바닥에다가 깔아 놓고는, 수 시간 정신없이 불을 처지르는 것이 향촌 살림의 예사이다. 그 뿐 아니라, 그 굴뚝 내는 법과 아궁이 만드는 법이 모두 비과학적이다. 조선의 구들로 해서 산천이 벗겨졌다고들 하나 사실은 구들이 결코 나쁜 것이 아니라, 그를 사용하는 사람들이 산천을 벗기었다(68쪽).

다음은 '음식'에 대한 문제이다. 음식 만드는 법이 원시적이요, 현대적 분업이 되지 못했다. 이러한 음식 제도는 시간상 금전상의 비경제적인 것임을 지적한다. 뿐만 아니라 위생상으로 보아서도 이는 신경 계통에 좋지 않은 영향을 미친다. 그리고 이것은 의지의 박약과도 관계가 있을 수 있다.

우리가 먹는 음식은 습관상 과식을 불러, 위확장의 원인이 될 수 있다. 이러한 과식에서 오는 포만 현상은 생리학적으로는 두뇌의 활동을 둔하게 하고, 심리학적으로는 일의 무활동성과 태만성을 불러일으킨다. 이러한 음식 문화는 결국 민족의 쇠약증과 연결될 가능성이 있다(68~72쪽).

또 다음은 '옷'의 문제이다. 특히 흰 옷에 대하여, 경제상, 심리상, 물리상, 문화사상의 문제점을 지적한다. 흰 색깔은 경제적으로는 자주 빨래해야 하는 정력과 시간의 손실이 있고, 심리상으로는 빈한의 상징이요, 무활동의 간판임, 여성적인 것으로 받아들여진다. 물리학적으로 흰 색깔은 태양빛을 모두 반사하며, 문화사적으로는 원시 문화 풍습이다(73~77쪽).

이상에서 위의 '의식주' 실생활에서 비경제적 불합리적 생활방식을 지적하고, 이것이 민족 정기와 연계성이 있음으로써 민족 쇠약성의 한 원인이 된다고 외솔은 판단한 것이다. 그러므로 이 판단 속에서 우리의 '의식주'의 개량과 혁신의 사상이 함축되어 있는 것으로 이해된다.

조혼의 폐해

외솔은 조혼은 자녀의 독립적인 인격을 인정하지 아니하고, 부모의 소유로 여기는 옛부터의 사상에서 생긴 지엽의 현상이라고 한다. 그리고 조혼의 구체적인 원인을 다음과 같이 밝혔다.

- 부모의 의무를 자녀의 교육보다 결혼에서 더 느낀다.
- 자녀로부터 봉양을 받고자 하는 욕망의 발로이다.
- 자녀의 결혼을 양반이나 관위(벼슬자리) 등의 이권의 수단으로 삼는다. 곧 계급사상이 결혼에도 스며 있다.
- 사회생활이 극히 한가하고 유유하다.

그러면 이것이 민족에게 끼치는 영향은 무엇일까? 이에 대하여 외솔은 이와 같이 지적한다.

- 생리상으로 신체 조숙과 조로를 재촉한다.
- 의학상으로 불임증을 가져오기 쉽다.
- 정신 발달을 방해한다.
- 자유로운 사랑의 의사로 성립되지 않는데서 오는 인생의 손실이 있다.

여기에는 가정의 파탄을 초래할 위험성도 내포하고 있다(86~93쪽). 이러한 부정적 요소들은 민족의 쇠약증을 부르는 요인으로 작용한다고 보는 것이 외솔의 시각이다.

나이 자랑하기

우리나라에서는 노인은 존경의 대상이다. 그러나 노인을 존경하는 데서 오는 폐단이 생기었으니, 나이 자랑하기, 점잖찾기가 그것이라고 한다. 외솔은 이것 역시 무기력을 가져오고, 드디어는 민족의 생기 쇠약의 한 원인이 되기도 한다고 보는 것이다(93~94쪽).

미신의 성행

우리나라의 여러 가지 미신의 성행은 우리 민족의 쇠약증의 원인이 된다는 것이다. 시간과 공간은 인간활동의 기초적 2대 조건이거늘 '날보기', '방위보기' 등에 관한 미신 등은 이 두 가지 기초적 방면으로부터 인간의 활동을 제한하여 자유를 허치 아니하며, 자력의 개척을 허치 아니하니, 여기에 민생의 활동의 범위는 심히 좁아질 수밖에 없다는 것이다.

더욱 거기에다가 여러 가지 미신이 어려 방면으로 인간 생활을 억제하니, 민족생활은 죄수의 생활과 다름이 없다는 것이다. 이는 의지가 있어도 의지가 없고, 사지가 있으면서도 사지가 없음과 같으니, 이것은 미신으로 인한 민족의 생기의 떨어짐이라 한다. 결국 미신의 해독이 민족의 쇠약에 중대한 원인이 됨을 보아 지나칠 수 없다는 것이 외솔의 논지이다(94~100쪽). 이 대목(민족적 쇠약증의 원인)의 결론으로 외솔은 이와 같이 말한다.

"우리를 망하게 한 자는 외부적 원인이 아니요, 내부적 원인이다. 진을 망하게 한 자는 진이요, 호가 아니다. 실패한 자의 심리는 항상 남을 원망하는 편이 많다. 만약 우리 조선 민족이 금일(오늘날) 잔폐(기세가 다하여 패한)의 원인을 한갖 남에게만 돌려보내고, 스스로 심각한 반성을 하여 자기 내부의 악인을 통절히 느끼지 아니할 것 같으면, 도저히 그에게는 갱생의 봄이 돌아오지 않을 것이다. … 모름지기 자멸자진(저절로 죽음)의 병원(병의 근원)을 통각 근절치 않으면 안 될 것이다(101쪽)."

이제 민족의 쇠약증의 원인을 다시 정리하면 다음과 같다.

조선조 오백 년 간의 악정과 유교사상, 특히 주정학(朱程學)의 전행으로 말미암은 사상 자유의 속박, 양반 계급의 횡포, 타국의 경서 · 역서 · 문학서 등을 통한 자각 없는 교육과 민족 얼을 담고 있는 제 나라 문자를 경멸하고 한자를 숭상함과 번잡한 허례에 의한 생기 타락, 불합리한 의식주의 생활방식, 과거 도취사상과 무기력한 소행, 나아가서 음양오행의 남용에서 오는 미신 행동은 모두 병의 근원이라 했다. 그리고, 이 병의 근원이야말로 민족의 생기를 허약케 하는 원인이 된다고 하였다.

생각하건데 위의 외솔의 주장은 당시에 국한된 것으로만 유효한 것은 결코 아니다. 오늘에 사는 우리에게, 더 나아가 영원히 사는 우리 미래에, 우리가 두고두고 새겨야 할 불멸의 진리이다(김석득, 2000, 외솔 최현배의 학문과 사상, 49쪽).

민족 갱생의 원리

앞에서는 우리 민족의 쇠약증의 연원을 명시했다. 그런데 외솔은 이와 같은 민족의 쇠약증의 원인은 완고 불치의 선천적 병이 아니라 비교적 근대적인 것이라 한다. 그리고 그 병의 뿌리는 아직 우리 심령에 깊이 뿌리 박혀 있는 것이 아니어서, 한번 양의를 얻을 것 같으면, 치료의 효과를 거둘 수 있는 것이라 한다. 이에 우리 민족이 다시 살아날 서광과 희망이 있다고 하면서, 그 좋은 방법으로 다음을 제시하였다.

- 민족적 생기를 진작하라.
- 민족적 이상을 수립하라.
- 우리 민족의 시대적 이상을 파악하라.
- 우리 민족의 특질 곧 '지-정-의'의 탁월함을 고증하라.
- 민족적 갱생에 대한 확고한 신념을 고취하라.

민족적 생기를 진작하라

외솔은 민족의 쇠약증을 치유하는 방법과 원리는 무엇인가? 라고 묻고, 다음과 같이 그 답을 풀어 나갔다.

첫째로, 민족의 쇠약증은 마음으로 난 병인즉 마음으로 낫게 해야 한다. 마음으로 낫게 함에는 먼저 각자가 쇠약증에 걸려 있음을 자각해야 한다.

다음으로는 침체한 민족적 생기를 진작함이 그 가장 좋은 치료 방법임을 알아야 한다. 이 민족적 생기 진작은 민족 갱생의 원리임을 각오해야 한다. 민족적 생기란 민족이 살려는 기운(생활 의지, 생활 의기)이요, 생명이 위독한 조선 민족이 살아야겠다는 철석같은 그리고 열화와 같은 뜨거운 삶에의 신념과 의지를 이름이다. 이러한 민족적 생기야말로, "나를 살릴 자는 나 스스로밖에 없음을 통각하고, 최후의 노력을 하라"는 비스마르크의 말을 교훈으로 삼아야 한다(102~111쪽).

'생기의 진작', 곧 스스로 강하여 지고자 하는 자강의 노력, 스스로 살고자 하는 자활의 분투가 죽어가는 민족에겐 얼마나 귀중한 약인가를 외솔은 신념으로써 강하게 외치고 있음을 실감할 수 있다.

민족적 이상을 수립하라

민족 갱생의 원리의 또 하나는 민족적 이상의 수립이라는 것이다. 그리하여 외솔은 민족 갱생의 원동력은 생기의 진작이요, 민족 갱생의 지남차(指南車)는 이상의 수립이라 하였다. 그러면 민족적 이상의 내용은 무엇인가?

> "조선 민족의 고유한 특질과 특징을 자유로 충분히 발휘하여, 항상 부단의 창조와 쉼 없는 개조로써 인류의 영원한 진보와 문화의 항구한 발달에 이바지하여 세계 진화의 기운에 참여하는 것(121쪽)."

이것을 우리 조선의 민족적 이상이라 하였다. 그리하여,

> "나의 끝없이 사랑하는 조선 민족아, 살려는 뜻을 떨쳐 일으킨 조선 청년아! 제군이 이미 살려는 뜻을 떨치었거든, 모름지기 앞으로 살아 나갈 이상을 세워라, 이상은 청년의 생명이

다(122쪽)."

라고 외쳐 청년들에게 민족갱생에 대한 확고한 신념을 불어 넣어 주었던 것이다.

우리 민족의 시대적 이상을 파악하라

이에 대하여 외솔은 다음과 같이 말한다. 우리 민족적 최고 이상을 실현함에는 시대의 진운과 사회의 형편을 따라 그때그때의 급무를 수행하여야 한다. 만일 이 시대적 이상을 잡고서 시대적 급무를 수행하지 못하면, 그 이른바 민족적 최고 이상이란 것도 필경에 허무 공상에 떨어지고 말아서 한 걸음의 근접도 보지 못할 것이다라고. 그러면 시대적 이상, 시대적 급무는 무엇일까? 이 물음에 대하여 외솔은 또 다음과 같은 두 가지의 관찰이 필요하다고 한다.

그 하나는 세계인으로서의 우리 조선 민족이 세계인으로 더불어 함께 가지는 세계 공통의 문제이다. 이는 인류 문화의 더한층의 발달을 꾀함에서 오는 세계 공유의 문제이라 한다. 따라서 이는 다만 서양인만의 문제가 아니라 동양인도 문제이니, 곧 세계 양심의 문제, 세계 문화 발달의 문제, 인류 진화의 문제라는 것이다.

또 하나는 조선 민족으로서의 우리가 우리 민족의 특수한 사정에 기인하여 가지는 민족 특유의 문제이다. 이는 세계인 아무도 아닌 조선 민족인지라 세계인이 아무도 갖지 아니한 특수한 문제를 가졌다는 것이니, 이는 조선 민족의 역사적 사회적 여러 사정을 통찰함에서 그 문제의 정체를 파악할 수 있다는 것이다.

외솔은 그러나 이 두 가지가 서로 관련이 있으므로 세계 문제 해결이 자연히 조선 민족의 해결을 요하고, 그 반대도 그렇다고 한다. 그러면 어느 문제의 해결이 먼저일까? 외솔은 이에 대하여, 세계인 노릇하기보다 조선인 노릇을 함이 먼저이라고 다음과 같이 외친다.

> "자기를 구하려거든 먼저 자기의 소속한 민족을 구하라."
> "세계인이 되기 전에 먼저 조선인이 되라."
> "세계를 구하려는 청년은 모름지기 먼저 조선을 구하라. 조선을 구함으로 말미암아 세계에 진출하라(128쪽)."

외솔은 더 나아가 다음을 환기시킨다. 시대는 나아가고 세계는 움직인다. 따라서 이러한 시대적 이상은 또다시 새 시대적 이상을 낳는다. 그리하여, 이 시대적 이상은 영원히 우리 생활의 길 앞에서 우리의 전진을 인도한다. 여기에서 인류 문화의 영원한 발전이 가능하게 된다라고(129~130쪽).

생각하건데, 외솔의 시대적 이상의 감각은 민족적이고 세계적이다. 그러면서 민족과 세계가 상호 발전 관계에 있음을 인식하면서 그러나 그 우선적인 것은 민족에 두었다는데 외솔 특유의 민족관 세계관을 읽을 수 있고, 여기에서 민족 갱생의 의미를 찾을 수 있다. 그리하여 다음과 같이 외침을 우리는 이해할 수 있는 것이다.

> "민족적 큰 이상의 가치 아래 시대적 이상을 확립하고, 일치단결하는 것이 최상의 방도임을 깊이 깨쳐야 한다(131쪽)."

조선 민족의 특질을 밝혀라

외솔은 미리 선언하다. 완고히 마비된 신경 소유자, 부정 제1의 사이비 달관자의 선각자인 체하는 타락자를 감동, 반성시키지는 않겠다고(132~133쪽). 그러나 진정 선각자가 있어 시종여일하게 노력하는 대다수가 있으니, 이들에게 우리민족의 소질이 '지, 정, 의' 면에 우량하여, 위와 같은 민족적 이상을 추구할 가능성이 풍족함을 다음과 같은 역사적 사실로 분명히 밝히었다.

'의'의 방면 삼국유사(三國遺事)에 나온 '홍익인간(弘益人間)'은 당초 인류의 구제, 인문의 발달을 책임맡고 탄생한 전설이니, 여기에서 민족의 탄생의 이상을 볼 수 있다(133~134쪽).

'정'의 방면 산해경(山海經)에 우리나라를 '군자의 나라'라 하면서, 영보를 좋아하고, 싸우지 않아 평화를 사랑하는 심정을 가졌다고 한다. 또한 삼국지(三國志)에 마한(馬韓)을 평하여 역시 양보를 잘하는 나라로 적었다. 이러한 양보 잘하고, 다투지 않고, 예의를 숭상함은 사회 질서의 정의와 평화 애호의 인도적 생활을 뜻한다고 하고, 그러므로 정의와 인도를 사랑함은 우리 겨레의 본연의 성격이라고 외솔은 말한다.

또한 외솔은 말한다. 우리 민족의 예술상 탁월한 소질은 세계에서 그 견줄 바 없으니, 석굴암, 불국사의 다보탑, 봉덕사의 인경, 황룡사 솔거의 벽화 등 신라의 예술적 공예 문화가 그것이요, 고구려의 고분의 구조와 신묘한 벽화 등 예술상 탁월한 재능이 그것이요, 백제의 역대 여러 왕의 성의 쌓음, 부여의 왕흥

사 오층탑의 아름답고 강건한 기상, 백제 공인에 의한 일본의 나라현의 법륭사 건축의 비범한 솜씨 등이 그 역사적 실례이다라고.

'지'의 방면 신라의 첨성대는 동양에서 가장 오래된 천문대이요, 고구려의 벽화와 건축, 신라의 조각과 건축과 회화와 공예, 고구려의 자기와 인쇄, 모두 우리 민족의 탁월한 특질과 지력의 산물, 과학의 응용이라 할 수밖에 없다고 외솔은 말한다. 뿐만 아니라, 신라 원효의 불교 철학은 우리 지적 학문의 탁월성을 보이는 것이라 한다.

또한 근세 문명의 산모인 활자의 창조는 전하는 말에 의하면, 신라 때라 하나 확실치는 아니하되, 그 실용은 고려 고종(1220년경) 이전부터임이 사실이다. 그러므로 이는 세계가 공인하는 활자 창조자인 독일의 구텐베르크의 1450년경의 목제 활자 시작, 1428년경의 화란의 고스터의 나무와 아연의 활자 시작보다 훨씬 앞서는 일인 즉, 활자의 창의자란 세계적 영예의 관은 마땅히 조선 민족의 머리 위에 얹혀야 할 것이니, 그 빛나는 관의 임자가 이제 차차 세계인의 인정을 얻어 가는 모양이더라고, 외솔은 보고 있다.

우리 민족의 정신적 산물의 총체적인 것은 우리말이니, 이는 조선혼, 조선 마음(조선심)을 울리는 것이기 때문이라는 것이다. 이러한 우리말을 적는 조선글 곧 '한글(정음)'이 조선조에 창제되었음은 지구상 인류가 생겨난 지 수 십만 년 이래 전에 없는 또 미래에 없을 문자적 완성이라는 것이다.

인류 문화사상 유일한 문자적 완성은 민족의 세계적 영광이요, 민족정신의 세계적 탁월성이요, 인류에의 공헌이다. 이러한 이상적 문자 한글이 그 참가치(진가)를 세계적으로 발휘하는 날이 멀지 않았다고 외솔은 내다보았다.

생각하건대 외솔의 이러한 한글에 대한 판단은 지극히 옳았고, 또한 한글에 대하여 미래를 내다보는 밝은 눈은 오늘에 있어 여실히 증명되고 있다.

외솔은 이 밖에, 조선조의 천문 기기의 발명, 충무공의 철갑선 등을 우리 민족의 위대한 지적 소산물로 들었다(141~147쪽). 이와 같이 외솔은 민족의 정신의 위대함과 특질의 탁월함을 역사적으로 고증하였다.

민족 갱생에 대한 확고한 신념이 필요하다

외솔은 앞에서 조선 민족의 갱생의 원리가 민족적 생기를 진작함에 있음을 단언하고, 이어서 민족적 이상을 수립하기를 절규했다. 그리고 민족의 '지, 정, 의'의 우수한 특질을 고증했다. 나아가서 우리 민족이 위대한 이상을 세울 만한 충분한 소질을 가진 존재임을 증거하였다. 외솔이 말한 그 다음의 것은 무엇일까? 그것은 확고한 신념에 관한 것이다.

"신념의 힘은 진실로 위대하다"고 단언하면서, 이를 질병도 신념으로 낫게 한다(심리료법)는 정신병리학으로써 터득시킨다. 그리고 민족 갱생에는 우리가 갱생할 수 있다는 신념의 필요성을 외솔은 강조한다. 곧 굳건한 신념을 가지고 민족의 갱생에 대한 열렬한 노력과 장쾌한 분투자가 되어야 한다고 역설한다. 그러나 사람의 범사가 그렇듯이 여기에는 어려움이 반드시 따르는 것이니, 이를 극복하지 않으면 안 된다 하고, 이를 다음의 말로써 조선 청년 자신을 형용케 하라고 요구한다.

> "생기있다. 펄펄하다. 씩씩하다. … 반항할 줄을 안다. 죽을 줄을 안다. 부지런하다. 모험성이 있다. 진취성이 있다. 굳세다. … 시종 여일하다. … 단결력이 강하다(155~156쪽)."

일어날 듯한 비평에 대하여 : 유심론/유물론

외솔은 이제까지 민족의 갱생의 원리를 논하였다. 그런데, 사회운동을 하는 이들에 의하여 일어날 듯한 비평을 예상하다. 그 예상되는 것은 유심적 갱생론은 지상 공론이요, 머리 공상이라고 할 것이라는 것이다.

이에 대하여 외솔은 우리 인간 생활은 정신만 가지고 사는 유심도 아니요, 물질만 가지고 사는 유물도 아니며, 심과 물이 서로 돕는 생활이라고 말한다. 그러나, 역시 인간 생활의 주체는 정신이니, 정신이 물질을 요구함으로 말미암아 비로소 물질이 그 가치를 가지게 되는 것이요, 물질이 정신을 요구하기 때문에 비로소 정신이 그 가치를 가지게 되는 것은 아니라고 논한다.

다시 말하면, 정신에 필요한 물질이요, 물질에 필요한 정신이 아니라는 것이다. 따라서 물질이 풍부하다고 해서 생기가 절로 진작되는 것은 아니라는 것이다. 이는 부자의 자식이 반드시 빈자의 자식보다 생기 왕성하며, 이상이 크며, 확신을 가지고 노력한다고 할 수 없음과 같다고 한다.

이는 물질만이 절대의 지배자가 아니라는 논리이다. 외솔의 주장은 물론 물질이 정신생활에 막대한 영향을 미치는 것을 인정한다. 그러나, 그 정신에 막대한 영향을 미치는 물질 그것이

원래 정신의 지배를 받은 것임을 분명히 알아야 한다는 것이다. 곧 외솔은 "물질에 대한 정신의 상위, 물질에 대한 정시의 지배를 원본적으로 긍정하지 않을 수 없음"을 역설하는 것이다. 이와 관련하여, 외솔은 "환경이 사람을 만든다"는 옳은 말이나, 또한 "사람이 환경을 만든다"를 명심해야 한다고도 주장한다.

외솔은 이를 유심론과 유물론으로 전개한다. 곧 이 문제는 정신이 먼저이냐, 물질이 먼저이냐의 물음에 돌아가고 마는데, 이에 대하여, 물론 변증법적 유물론은 당연히 물질이 먼저이요, 의식은 물질의 한 변증법적 현상에 불과하다고 할 것이라고 하면서, 그러나, 세계는 정신의 변증법적 발전이라는 '헤겔'의 변증법적 유심론과 마찬가지로, 세계는 물질의 변증법적 발전이라는 '막스'의 변증법적 유물론도 또한 그 절대적 진리성을 보편타당성으로 증명하지 못할 것이라고 주장했다(170~171쪽).

그러면서 사람의 존재는 이미 유물도 유심도 아니요, 물심양면을 가짐이 필연한 사실이라고 하면서, 그러나 의식적 존재인 사람으로서의 할일은 역사적 발전에 정신적 동력을 제공하는 외에 다른 길이 없다고 한다. 이것이 외솔의 "물질에 대한 정신의 상위"론의 소이이다. 사람의 행동은 목적을 가진 의식적 행동이다. 따라서, 이상을 세우고 그것을 실현하기에 노력 분투하는 외에 무슨 할 일이 있을 것인가? 라고 묻는다(172쪽). 외솔이 여기에 정신의 진작을 고창하는 까닭을 우리는 이해할 수 있다.

민족 갱생의 노력

원리 이해에만 만족하고, 그 원리의 실천 노력이 없이는 실생활에 조금도 효과를 거두지 못한다. 분투노력이야말로 승리의 비결이라고 외솔은 말한다. 그리고 이 노력에 대하여 자세히 논한다. 이를 다음에 요약한다.

새 교육의 정신

인간 사회의 성쇠 존망의 요체요 비결은 교육이다. 그러므로 배달 겨레의 살아나기(갱생)는 새 교육에 있다(181~184쪽).

계몽운동

오늘은 민중의 시대이다. 전 민족이 갱생하려면 모름지기 전 민족이 각성하고, 전 민족이 지식 정도를 높이는 지적 향상 운동을 해야 한다(184~186쪽).

체육 장려

신체는 인생의 유형저 기초이다. 고래로 가정에서나 사회에서 가족, 아동, 민중의 건강이 부족하다. 아동의 특징은 활동성이 풍부함이니, 뛰고, 놀고, 웃고, 고함지르고, 장난하고, … 하는 것이 건전한 생활 상태이다. 체육을 장려하라. 건강은 신체의 생기를 샘솟게 한다(186~188쪽).

도덕의 갱장

부패한 도덕을 갱장함이 긴요하다. 도덕의 갱장은 생명의 갱장이요, 새 도덕의 수립은 새 생명의 수립이다. 새 도덕은 인격의 존중으로 새 그 기초를 삼는다. 각 개인의 자기 인격을 존중하라. 동시에 타인의 인격을 존중하라. 인격 존중을 기초로 하는 새 도덕의 덕목은 진실하기, 신의 지키기, 용기 많기, 독립 자존심이 많을 것(이를 위해서는 경제생활의 독립 자존을 얻음이 필요조건이다.), 사회적 의무 지키기, 부지런하기 등이다(183~194쪽).

경제 진흥

건강한 신체와 계몽된 인지와 갱장된 도덕은 민족 갱생의 근본 기초 조건이다. 이 기초 위에 인간 생활의 기초인 경제적 생활에서 물질적 풍요로움을 이루어야 한다(194~214쪽).

생활 방식의 개선

이는 건축, 조직, 그밖에 각종 과학의 전문 지식을 요하나, 그런대로 방안을 내기로 한다.

'집'에 대하여 높게, 깊게, 길게 지을 것이며, 문은 크게, 지붕은 기와지붕으로 하며, 부엌은 고치되 아궁이를 개량하고, 굴뚝을 높이며, 집안에 우물을 파고, 집은 남향으로 짓고, 온돌은 방한으로만 쓰도록 한다.

'먹는 것'에 대하여 짜게 맵게 먹지 않는다. 분량을 줄이고 질의 가치를 높인다. 아침 끼니는 간단히 한다. 식기는 위생적인 자기로 한다. 남자도 밥상을 거드는 등 식당 풍습을 개량한다.

'옷'에 대하여 흰옷을 전폐한다. 남녀 옷 제도는 사무적인 것인 것으로 개량한다. 옷감은 모시나 옥양목 대신에 대용 국산품을 개발한다(214~219쪽).

외솔은 위와 같이 '의식주'의 개량을 주장하였다. 이는 하나의 의식(정신) 전환 운동이요, 당시로서는 선구적인 의식 혁명이라 하겠다.

민족 고유 문화의 떨침

이 구체적인 방안으로 한글의 보급 운동, 문맹 타파 운동, 한글에 대한 조직(구조)이나 과거사 및 장래 발달에 대한 학리적 연구의 필요성을 주장하였다. 그리고 외솔은 자기의 가로쓰기 주장과 글자체 연구 과정과 앞으로의 노력을 말하면서, 우리 글의 발전에 대한 이상 실현을 폈다(219~223쪽).

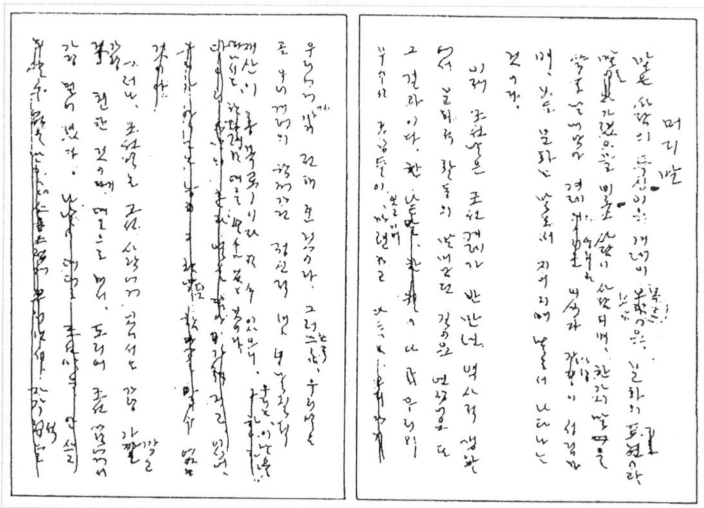

외솔이 쓴 큰사전 머리말 육필 초고

생각하면 외솔은 고유 문화의 기본 바탕으로 이미 이 '조선 민족의 갱생의 도'에서 한글문화를 결정적인 강령으로 삼고 있음을 알 수 있다. 그리고 앞으로 외솔이 할 일들은 이 강령에 따라 수행 될 것임을 이미 예정해 주고 있다고 할 것이다.

남은 말 이 남은 말은 이상에서 말한 민족 갱생의 노력의 중요한 것들 밖에 또 몇 가지의 주 요건을 들어 말한 것이다. 그것은 다음과 같은 것이다.

- 미신을 타파할 것
- 조혼 폐습을 타파할 것
- 용감한 기풍을 양성 청년다운 기상을 진작할 것
- 민족 문화 중심 기관인 민립대학을 실현할 것

생각하면, 이는 간단한 것 같으나 매우 중요한 것이다. 곧 전래하는 비과학적 정신 자세와 잘못된 풍습을 바꾸는 큰 쇄신책이라 하겠다. 동시에 이는 국가 장래에 대한 희망을 청년에게 걸면서, 그들에게 진취적 기상을 불어넣어 줄 뿐 아니라, 그 청년들을 국가 동량으로 길러내는 국가 차원의 최고 학부 설립을 주장한 선구적 제안이라 하겠다(김석득, 2000).

민족 갱생 노력의 방식

외솔은 민족적 갱생의 노력의 내용은 어떠한 방식으로 실행할 것인가에 대한 의견을 다음과 같이 제시한다.

첫째, 조선 민족을 사랑하라. 그리하여, 민족적 갱생에 일생을 바치겠다는 희생적 정신을 확립하라(225~226쪽).

둘째, 개인의 힘은 위대하나, 이 개인의 힘을 결합하는 대동단결이 절대로 필요하다(226쪽).

셋째, 민족의 시대적 이상이 민족적 갱생은 모두의 공동 목표이다. 곧 조선 민족이 밖으로는 다른 민족과 평등이 되며, 안으로는 각 개인이 평등됨을 얻는 것이 공동 목표이다. 이 공동 목표에 대한 명백한 의식이 우리 서로를 연결해야 한다(227쪽).

생각하건데, 외솔의 기본 사상은 철두철미 겨레의 사랑임을 다시 확인할 수 있다. 그 겨레의 사랑을 위하여, 당시 시대적 상황에서 민족 갱생을 공동 목표로 삼고 있음도 잘 알 수 있다. 그리고, 이 목표 달성을 위하여 부단한 노력이 필요하되, 그 노력의 실천 방식을 겨레에게 절규하고 있음도 분명히 알 수 있다.

3. 맺음말

외솔은 이 한 권의 「조선 민족 갱생의 도」에서 배달 겨레의 새 삶 '갱생'을 위하여, 많은 주장과 그 주장의 당위성을 논증했다. 또한 그 실천의 방법을 구체적으로 제시 논술하였다. 그리고, 반석 같은 신념으로써 민족 갱생의 도를 현재 및 장래의 동포 형제자매에게 향하여 높이 부르짖었다. 두말할 것 없이 이러한 외솔의 모든 지혜와 모든 사랑을 기울여 논술하고 절규한 기본 사상은 배달 겨레에 대한 끝없는 사랑임에 틀림없다.

다음의 글은 외솔이 1926년 12월 16일 밤, 이 글을 마치면서 지은 것이니, 이는 외솔의 겨레 사랑의 얼을 단적으로 보인 것이다.

"아무리 생각해도
나는 조선 사람이다.

세계는 넓건마는,
조선만이 내 땅이다.
삼천리 강산 우[위]에,
곳곳마다 피 땀 흔적,
사천년 역사 속에,
일일마다 사랑 자국,
이 강산 이 역사를,
잇고 잇고 다시 이어,
이천만 이억만이,
엉키 엉키 살아 보세."
(「조선 민족 갱생의 도」끝맺는 말 끝쪽 : 228~229쪽)

「조선 민족 갱생의 도」는 민족이 새로운 삶을 추구하는 데 절대로 필요한 심리학서이요, 정신 병리학서이요, 철학 및 사상서이요, 도덕 교육서인 동시에 민족의 창조적 진취적 삶의 길잡이 글이기도 하다. 이 모든 것의 기본 헌장은 다음의 4대 목표로 집약된다.

- 생기 진작
- 갱생의 확신
- 이상의 수립
- 부단한 노력

그리고 이것들의 근저에 흐르는 외솔의 깊은 사상은 "아무리 생각해도 나는 조선 사람이다"라는 귀절에 담긴 철통같은 겨레 사랑이다.

글쓴이는 이 글 머리에서, 「조선 민족 갱생의 도」는 독일에 있어서의 피히테의 「독일인에게 고함」에 필적할만하다고 했다. 그런데 김정환은 어느 면에서는 외솔의 민족 갱생의 도가 피히테의 독일 국민에게 고함을 오히려 능가할 수 있다고 평가하고 있다.

왜냐하면, 피히테는 거기에서 게르만 민족의 위대성을 신화적으로 미화하고, 옛날 게르만의 굳건한 자세를 다시 살피어, 도덕적으로 재생하는 길이야말로 독립의 길이라 하여, 눈을 과거에, 철학에, 도덕에 돌리고 있는데 대하여, 외솔은 더 현실적으로 우리 민족의 장점과 단점을 과학적 실질적으로 분석하고, 장점의 창달력과 단점의 개선책을 민족의 온 관심사로 총동원하여, 새 민족의 창출을 현재에, 사회에, 생활에 맞추어 논하고 있기 때문이라는 것이다(김정환, 1973, 나라사랑 제10집, 69~70쪽).

그러므로 「조선 민족 갱생의 도」야말로 그의 나라사랑, 겨레시랑의 문세 의식 전반을 확인할 수 있는 종합적이고도 이론적 체계를 갖춘 대표적 교육사상서라 할 것이다.

제 3 장

민주주의와 국민도덕

1. 민주주의와 국민도덕(1953년)을 쓰게 된 동기와 목적

외솔은 이 책을 8 · 15 해방의 기쁨도 가시기 전에 6 · 25 전쟁이란 국난을 겪어야 했던 우리나라 사회의 도덕적 혼란과 정신적 타락을 보고만 있을 수 없어 이 책을 쓰게 된 동기를 다음과 같이 말하고 있다.

"이 나라를 걱정하고 이 겨레를 사랑하는 나의 충정은, 제 힘의 모자람을 돌보지 않고 감히 이 글을 지어 널리 천하에 고하여, 폭풍 앞에 선 큰 집에 정신적 버팀목을 세우며, 광파 위에 뜬 작은 배에 이지적 나침반을 차리고자 한다"는 말에서 외솔의 깊은 속 뜻을 알 수 있다.

외솔은 이 책을 6 · 25사변 때 피란지 부산에서 썼는데, 그 당시 외솔은 문교부 편수국장이었다. 외솔은 본래 이 책을 일반 국민을 대상으로 쓴 것이었으나, 그 내용이 중등 내지 대학 정도의 학생들에게 읽힐 도덕 교과서로도 적당하다고 생각하여, 교과서로서 문교부의 인정을 받았다.

특히 이 책이 교과서로서 젊은이들에게 읽히기를 바랐던 것은, 난리 중에 국민의 도의심이 무너져 가는 것을 걱정하여 순진한 젊은 학도들의 정신적 각성을 자극하고, 도의심을 북돋움으로 말미암아, 고난에 허덕이는 이 겨레를 사랑하며, 안팎으로 위태로운 이 나라를 건지고자 하는 굳은 결심을 짓게 하고, 나아가서는 그 결심에 따른 실천적 태도와 인생의 버릇을 기르게 하려는 생각에서였다. 그래서 외솔은 국민들에게 민주주의 정신과 국민도덕을 올바르게 이해하고 실천할 수 있게 하려는 데 이 책의 목적이 있는 것이다.

초창기의 문교부 직원들과 함께(앉은 사람 중앙이 외솔, 1948년)

2. 민주주의와 국민도덕의 내용

민주주의와 국민도덕의 내용을 보면 '들어가기'와 '본풀이'로 나누어져 있다. 그리고 '들어가기'에서는 우리나라의 묵은 도덕과 민주주의의 문제를 다루고 있다. 여기에서 오륜 · 삼강 · 삼종의 전근대적인 유교 도덕을 묵은 도덕으로 보고 비판적으로 검토하고 있다(최현배, 민주주의와 국민도덕 2~12쪽). 그리ㄱ 민주주의의 취급에서는 민주주의의 근본 생각을 인간의 존엄 · 평등 · 형제애라고 하면서, 이러한 근본 생각에서 실제의 요구로 나타난 사상이 바로 생명 · 자유 · 행복 추구 등의 권리와 자유라는 것을 해설하고 있다.

나아가서는 민주주의를 정치 · 경제 · 문화 · 사회의 네 방면에서 어떻게 나타나는가 하는 것을 설명하고 있다(최현배, 1971, 나라사랑의 길). 그리고 '본풀이'에서는 부지런히 일하기, 스스로 서기, 얼러 힘쓰기와 책임 다하기(협동과 책임 이행), 사랑과 섬김, 너그러움과 평화, 자유와 규율, 환하게와 바르게(광명과 정직), 창의와 소망을 민주국가의 국민 도덕으로 제시하고, 그 하나하나를 쉽게 설명하고 있다.

결국 이 글은 민주적인 새 나라의 국민 내지 인간으로서의 도덕을 널리 알리고 생활화하도록 하게 하기 위한 교재 내지 지침서의 성격을 띠고 있다. 생각하건대, 36년간의 일제의 탄압과 모멸로부터 비록 해방되었으나 당시 아직도 전근대적인 유교적 사고와 생활 방식을 벗어나고 있지 못하며, 6 · 25 전쟁으로 정신적으로나 물질적으로나 피폐되어 있어 건전한 도덕성이 무너지고 있으며, 민주 새 나라라고 하지만 민주주의 정신과 삶이 어떠한 것인가를 정확하게 알지 못하여 여러 점에서 건전한 민주 새 나라의 정착과 한 인간 내지 한 나라의 국민으로서의 도덕에 대하여 무지, 오해, 혼란 등이 심각하다는 생각을 외솔은 한 것 같다.

그리하여 민주주의의 정신과 국민 도덕을 올바르게 이해하고 실천하도록 하는 일이 매우 시급하다는 문제의식에서 쉽게 쓰여진 국민 계몽서인 동시에 중등 이상의 학생들을 교육하는 데에 지침이 될 만한 교재의 성격을 지닌 것이라 하겠다(박선영, 2000, 나라사랑 100집, 25~33쪽).

민주주의 : 사상의 기본 원리

외솔은 나라 사랑의 방향과 범위를 결정해 주는 기본적인 원리를 제시하였는데 그것은 민주주의 사상이었다. 그의 민주주의 사상은 해방 전부터 싹트기 시작하였다가 해방 후 그의 사상이 원숙해지면서 더욱 체계화되었다. 민주주의 사상 안에도 여러 가지 갈래가 있는데 외솔의 민주주의 사상은 사회 민주주의적 성격보다는 자유 민주주의적 성격을 더 많이 보여주었다. 여기에는 공산주의 이념과의 대결이라는 사회적 상황이 중요하게 작용한 것 같다. 그의 민주주의 사상은 독창적이라기보다는 서구 민주주의 사상을 비교적 충실히 수용한 것이었다.

외솔이 주장한 민주주의의 철학적 근거를 열거하면 다음과 같다.

• 평등사상 : 인간 개인의 인격은 동일한 가치를 가지고 있

으므로 겨레 또는 국민의 구성 분자는 평등한 권리를 가진다.

• 자유사상 : 사람 정신이 본질은 자유스러움에 있으며 이러한 자유는 과거와 같이 한사람 또는 소수의 사람에게만 주어지는 것이 아니라 각 개인 모두에게 주어져야 한다.

• 인간에 대한 존중과 신뢰(사랑) : 인간은 누구나 이성과 양심을 타고 났으므로 그와 같이 귀중한 천성을 인정하면서 서로가 신뢰하고 사랑해야만 한다(민주주의와 국민도덕, 12~25쪽).

위솔은 자유, 평등, 인간 존중의 철학적 바탕 위에 민주주의가 인간의 삶 속에서 실제적으로 나타나게 되는 모습에 대해 다음과 같이 말했다.

- 정치상 민주주의 : 나라의 주권이 국민에게 있고, 국민들이 대표자를 뽑아 국민의 뜻에 따라 나라를 다스리며, 세 권력 갈라서기(삼권분립)를 이루어 한 기관이 권력을 남용하여 국민에게 포악한 정치를 하지 못하도록 해야 한다.
- 경제상 민주주의 : 모든 국민이 경제상 자유를 누리고 경제상 평등권을 가지며 독립 자주하여 제 살림을 살아가는 원리이다. 경제상의 자유가 국민 사이의 빈부격차를 크게 하는 유감스러운 일이 있으므로 민주주의가 완전히 실현된 나라에서는 경제상 자유를 다소 제한하여 경제상 평등을 누릴 수 있도록 힘쓰고 있다.
- 문화상 민주주의 : 인간의 정신적 양식인 문화상의 재물 곧 과학·도덕·예술·종교 등과 같은 것들을 충족시키는 것을 말한다. 이것을 위해서는 교육상의 기회 균등과 학문의 자유가 보장되어야만 한다.
- 사회상 민주주의 : 사람과 사람 사이 그리고 직업과 직업

사이에 차별이 없고 평등이 실현되는 것을 말한다. 곧 양반과 상놈, 귀한 사람과 천한 사람, 상전과 종 등의 인위적 차별이 없어야 한다.

또한 모든 직업은 다 거룩한 것으로 사농공상 등과 같은 차별이 없어야 한다. 그리고 남자와 여자 같은 생물학적인 차이에 의한 차별도 없어야 한다(민주주의와 국민도덕, 1952, 25~33쪽).

교과서 편찬의 기초 자료인 말수조사의 조사원들과 함께(앞줄 중앙, 1953년)

위의 내용이 들어 있는 책은 1952년 고등학교, 사범학교의 도의과 교재로 사용된 것으로 해방 후 민주국가를 건설하기 위한 기본 틀을 제시한 교과서라고 할 수 있다. 정치 · 경제 · 사회 ·

문화상 민주주의에 관한 내용은 당시로부터 30여 년이 흐른 현재에도 적합성이 있는 내용이며 아직도 완성되지 못한 원리라 하겠다.

외솔은 민주주의적 원리에 근거하여 전통적인 사회가 민주주의의 근본 원리인 자유와 평등을 억압하였음을 비판하였다. 곧 조선은 유교의 고루한 개국과 진취의 기회를 잃게 되어 민족적 쇠약의 원인이 되었다는 것이다. 조선의 그릇된 신분 제도는 민주주의적 평등가치를 압박하였다. 그리하여 양반이 상민을 착취하고 압제한 결과 일반 백성들의 근로 · 검약 · 저축의 정신이 약화되어 결국 민족의 쇠퇴가 일어났다고 하였다.

외솔은 민주주의야말로 나라 사랑의 마음을 불러일으키는 원리라고 하였다. 외솔은 주장하기를

> "나라는 백성의 나라이지 정부의 나라는 아니고, 나라의 나라도 아니다. 단순히 나라이기 때문에 우리가 나라를 사랑하는 것이 아니라 온 백성의 행복과 자유와 인격적 존엄을 위해서 나라를 사랑하는 것"

이라고 하였다. 곧 나라 사랑이란 나라 속에 백성을 위하는 민주적 가치가 포함되었을 때 그 정당성이 확보된다는 것이다. 근대 사회에 이르러 겨레 나라(민족 국가)가 세워짐에 따라 각 사람은 자신이 나라의 주인이라는 것을 깨닫게 되었고 겨레의 한 분자로서 겨레 나라의 정치적 독립을 주고 싶은 소원이 생겨나 나라 사랑의 마음이 생겨났다는 것이다(나라사랑의 길, 1958, 44~60쪽).

민주주의는 개인의 이익과 나라의 운명을 일치시킴으로써 나라

사랑의 마음을 가져오게 한다는 사실을 외솔은 다음과 같이 표현하였다. "민주주의에 있어서는, 나라는 백성에게 동떨어진 것이 아니요, 백성의 정치적 권리의 행사로 말미암아, 그것을 자기의 이익과 행복에 소용되도록 움직여 갈 수 있는 것이 되었다. 이에 나라란 것이 … 확실히 '내 것'이 되었다 … 한배나라(조국)는 다만 한배(조상)의 나라가 아니라, '우리의 나라' 더 적절하게 '내 나라'가 되었다. 여기에 근대인의 나라 사랑의 제바탕(본질)과 그 왕성한 이유가 있음을 보아 잡을 수가 있는 것이다"(나라사랑의 길, 1958, 77쪽).

외솔에게 있어서 민주주의는 나라 사랑의 마음을 불러일으킬 뿐만 아니라 사회의 단결을 더욱 견고하게 하는 힘이 된다. 독재주의 사회는 한 사람의 호령에 의해 움직이는 사회로 개인은 그 존재가 없고 다만 전체의 한 부분에 불과하게 된다. 그리하여 그 단결은 기계적 단결로 얼른 보면 강한 듯하지만 오히려 쉽게 부서질 수 있다. 그러나 민주주의 사회는 각 개인이 제 스스로의 책임을 다하는 가운데 저절로 조화를 이루고 단결을 이루게 된다. 이러한 단결은 유기적 단결로 겉으로 보아서는 약한 것 같지만 질기고 차져서 깨어지거나 부서지는 일이 없다.

민주주의 나라에서는 그 국민의 수만큼 단단한 성곽의 수가 있어서 그 나라를 지킨다고 할 수 있다. 이미 40여 년 전에 주창된 외솔의 민주주의에 근거한 사회 통합의 사상을 우리 겨레가 일찍부터 받아들이지 못하여, 30년 이상 군사 독재의 길을 걸어 왔고 문민 시대라 하는 현재에 이르러서도 참된 민주 정치를 이루지 못하는 모습을 보면 아쉬운 마음을 금할 수가 없다.

외솔은 나라 사랑의 마음이 민주주의에 의해 이끌리지 않으면 길을 잘못 갈 수 있고 그 결과 자신들과 다른 사람들을 불행에 빠뜨릴 수 있음을 경고하였다. 곧 민주주의가 발전하지 못한 미개한 사회에서는 싸품기(포용)의 정신이 결여되어 무리떼 사이의 다툼질이 빈번하기 마련이다. 그리하여

> "제 무리떼, 제 겨레, 제 국민만이 훌륭한 사람이라 하여 서로 친하고 사랑하도, 다른 무리떼, 겨레, 국민은 다 못 생긴 야만이라 하여 이를 없이 여기고 미워하여 만나면 이를 죽이고 해치기를 일삼았으니, 이러한 오만, 편협, 잔인이 옛날의 나라사랑이요 겨레사랑이었을 것이다(민주주의와 국민도덕, 1952, 87~106쪽)."

민주주의가 발전하고 도덕심이 향상되면 백성들이 각각 제 나라를 사랑하는 동시에, 남의 나라에 대하여서도 그 백성이 제 나라를 사랑함이 당연함을 시인하게 된다. 그리고 내 나라의 독립 자유, 내 동포의 안전 행복을 소원하는 것과 마찬가지로 남도 또한 제 나라의 독립 자유, 동포의 안전 행복을 기원하고 있음을 용인하게 된다. 그의 이러한 주장은 인권을 존중하는 민주주의의 정신이 확대되어질 때 남의 백성의 인권과 안전 행복의 권리를 인정하여 세계 평화를 이룰 수 있다는 것을 말하는 것이다.

외솔의 민주주의 사상은 단순히 서양의 민주 사상을 도입한 것에 그치지 않는다. 그는 민주주의를 통해 나라 사랑의 바른 길을 잡으려고 했으며, 우리 겨레가 취해야 할 구체적인 삶의 규범(도덕)을 확립하는 데도 민주주의 사상을 원리로 하였다. 또한 그의 한글 연구나 한글 운동을 수행하는 근본적인 원리 역시 민주주의 원리에 따른 나라 사랑의 마음이었다. 외솔에게서의 민주주의란

추상적인 원리가 아니라 구체적인 삶 속에 배어 있는 살아 있는 원리이었다. 이제 우리는 나라 사랑을 이루는 구체적인 방법들과 관련된 외솔의 사상을 살펴볼 때에 그 속에 들어 있는 민주주의의 원리도 함께 찾아볼 수 있을 것이다(박영신, 1999, 한글만 쓰기의 주장, 375쪽).

도덕주의

외솔의 도덕에 대한 관심은 그의 초기 저작 「조선 민족 갱생의 도」에서 시작하여 후기 저작까지 꾸준히 이어져 온다. 외솔은 민족의 운명이 그 민족의 도덕성과 밀접히 연관되어 있다는 문제의식에서 도덕에 대하여 특별한 관심을 기울였다.

그는 우리 민족이 왜 쇠퇴하여 나라를 잃게 되었는가를 진찰하면서 의지 · 용기 · 활동력 · 저축심 · 신념 · 자존심 등이 부족하고 의뢰심이 많으며, 성질이 음울하고, 정치 경제적 파멸에 처했기 때문이라는 것을 열거한 후 그 가운데 가장 중요한 것이 도덕의 문제라고 하였다.

> "총히 말하면 국가의 소망의 원인은 반드시 이 도덕심의 타락에 있는 것이다. 여하히 흥성 강대한 국가라도 한 번 그 국민의 도덕심이 타락하여 인심이 내부적으로 부패하기 시작할 것 같으면 그 외세의 강대는 필내 위약하게 무너져 버리는 것이다."

외솔의 이 생각은 해방 후에도 이어져 「민주주의와 국민 도덕」의 머리말에서 도덕이 그 나라 흥망의 원동력이라고 단언하는 모습을 볼 수 있다. 그는 로마 제국의 멸망의 원인이 어디 있는

가를 논의하는 중에도 향락 생활과 도덕의 퇴폐, 그에 따른 가족 제도의 무너짐을 가장 중요한 요인으로 열거하였다(나라사랑의 길, 1958, 262~266쪽).

이와 같이 도덕을 겨레의 흥망과 연결시키는 그의 논리 속에 놓인 기본적인 관심은 앞서 말한 나라 사랑의 정신이라 할 수 있겠다.

외솔의 사상 체계 속에서 도덕은 '포괄성'과 '민주성'을 그 특징으로 한다. 외솔은 도덕을 어떤 행위의 선악을 구분하는 기준이라는 좁은 의미로 사용하지 않고 사람다운 삶을 살고자 하는 인간의 의지라는 넓은 의미로 사용하고 있음을 다음의 글을 통해 알 수 있다.

대저 도덕의 지엽적 법칙은 시대와 지역을 따라서 차이가 있겠지만 그 근본적 의의는 한 가지이다. 곧 살려고 하는 힘이 강렬한 사람, 잘 살기를 바라는 사람, 남과 함께 사람답게 잘 살기를 바라는 사람의 사는 사회에서 그 이상을 실현시키는 근본적 규칙이다. 약언하면 도덕은 인류 사회의 진정한 생활 의지의 발로이다. 따라서 외솔의 도덕 개념 속에는 사회적 삶의 태도 일반이 포괄적으로 들어간다고 할 수 있다.

외솔은 해방된 조국에서 민주주의 정신을 구현하기 위하여 지켜야 할 도덕은 무엇이며, 이 나라를 민주적으로 발전시키기 위하여 국민각자가 사는 길, 행동의 준칙이 무엇인가에 대한 대답으로서 12가지 덕목을 제시하였다(민주주의와 국민도덕, 1952, 35쪽).

- 부지런히 일하기(근로)
- 스스로 서기(자립)
- 얼러 힘쓰기
- 책임 다하기(협동과 책임이행)
- 사랑과 섬김
- 너그러움
- 평화
- 규율
- 환하게
- 바르게(정직)
- 창의
- 소망

등이 바로 구체적인 도덕의 내용들이다. 이러한 그의 도덕관은 사회의 이상을 포함하며, 사회의 구성원들을 통합하는 요소들이 포함되어 있다는 측면에서 뒤르케임의 사상과 연결되며, 특정한 사회 심리적 태도를 정당화하고 강화하는 요소를 포함하고 있다는 의미에서 베버의 사상과 연결된다고 할 수 있겠다.

외솔 사상에서의 도덕은 민주주의와 밀접하게 연결되어 있다. 그는 먼저 전통 사회의 도덕의 근간이 되는 오륜을 검토하였다. 그는 그것을 묵은 도덕이라 부르면서 민주주의와의 관련성 여부에 따라 평가하였다. 외솔에 따르면 전통적 도덕 가운데 군신유의(君臣有義)는 사람을 높고 낮은 계급으로 가르는 것이며, 주권이 국민에게 있음을 부인하는 비민주적인 도덕이기 때문에 받아들일 수 없다.

다음으로 부부유별(夫婦有別)은 남자는 높고 여자는 낮다는 생각이 들어 있는 것으로 평등한 인격자로서의 남녀가 서로 돕고 서로 기워 살아가는 것을 목적으로 하는 민주사회의 원리와 어긋나서 받아들일 수 없다. 장유유서(長幼有序) 또한 나이 든 이의 깊은 경험을 존중하는 의미로서는 받아들일 수 있지만 나이가 많다는 이유로 모든 일의 결정권을 가지는 것이라면 평등의 민주사회에서 받아들일 수 없는 것이다. 다만 부자유친(父子有親)은 시대와 상관없이 중요하게 여겨야 하는 도덕이고, 붕우유신(朋友有信)은 계급적 상하가 없고 모든 사람들이 평등한 현대의 민주주의 사회에서는 더욱 더 중요시하고 발전시켜야 하는 도덕이다(민주주의와 국민도덕, 1952, 2~11쪽).

그는 앞서 말한 8개의 절로 나뉘어진 도덕적 덕목들을 설명하기 전에 그것들 모두는 민주주의의 근본정신 곧 자유, 평등, 사랑의 원리 위에 선 것이라는 것을 분명히 하였다(민주주의와 국민도덕, 1952, 34쪽).

그가 제시한 구체석인 도덕들과 민주주의와의 관련성을 좀 더 자세히 살펴보겠다. 외솔은 스스로 서기(자립)의 도덕이란 제 몸이 스스로 서는 것과 제 생계가 스스로 서는 것과 제 정신이 스스로 서는 것이라 하였다. 이 도덕은 민주주의 사회에서 사람이 다른 사람의 종이 되지 않고 평등한 관계를 유지하기 위해서는 필수적으로 요구되는 것이다.

다음으로 얼러 힘쓰기(협동)는 스스로 선 사람들이 제 힘으로 한 일을 다른 사람에게 채워 주고 다른 사람이 한 일을 제에게 채워 받음으로 서로 돕고 키워 주는 관계를 통해 나타나는 도덕을 말한다. 이 도덕을 통해 개인의 한계를 극복할 수 있고, 동포와 함께 잘 살 수 있으며, 동포를 포용할 수가 있다. 따라서 얼러 힘쓰기는 국민들 사이의 가로의 연락, 존경, 사랑을 소중히 여기는 민주주의 사회에서 매우 중요한 도덕이라 하겠다. 민주주의 사회란 자유의 사회인데 이러한 자유는 국민들 사이의 책임감이 있을 때 가능한 것이기 때문에 책임 다하기는 민주주의 사회의 중요한 도덕이 된다(민주주의와 국민도덕, 1952, 55~84쪽).

민주주의 사회에서는 도덕은 동무에게의 사랑과 섬김이다. 이것은 낮은 자리의 사람이 높은 자리의 사람에게 대한 사랑이 아니라 제와 똑같은 자리에 처해 있는 제와 다름없는 동무에 대한 사랑으로 각 개인이 피차 마찬가지로 자유를 자각하고 존엄을 지닐 때 드러나는 도덕이다.

이러한 사람 사랑은 민주주의스런 도덕의 최후의 목표이며, 이것으로써 사람 갈래(인류)의 영원한 평화를 세우며, 공동의 행복에 이바지하는 것이 현대인에게 태우진 역사적 할 일(과업)이다. 민주 사회에서는 사람마다 차이나는 것을 인정하지만 그 존재의 본래적 값어치는 동일하다고 생각한다.

따라서 사람들 사이의 의견의 대립이 생길 경우 그것을 평화스러운 방법으로 해소하면서 새로운 경지로 나가고자 한다. 이러한 일을 위해서 사용하는 방법이 다수인의 의견을 따르는 것이고 그에 필요한 도덕이 너그러움, 싸품기(포용), 평화스러움의 도덕이다.

민주주의의 가장 근본적인 정신이 자유라고 한다면 이러한 자유는 '멋대로' 행동하는 데서 얻을 수 있는 것이 아니라 법과 질서를 존중하는 데서 얻을 수 있다. 따라서 규율은 민주사회의 자유를 보존하기 위한 기본적인 도덕이라 할 수 있다.

민주주의 사회는 공개 정치와 여론 정치에 의해 움직이는 사회이다. 따라서 숨기지 않고 환하며, 속이지 않고 바르게 사는 도덕이 필요하다. 민주주의는 고정한 가치 체계를 고집하지 아니하고 경험에 따라 새로운 가치의 끊임없는 발견의 가능성을 믿는 체제이다. 이러한 사회에서 요구되는 도덕은 창의와 소망이다(민주주의와 국민도덕, 1952, 102~153쪽).

3. 맺음말

외솔은 민주주의 국민 도덕에서 우리 나라에서 예로부터 지켜오던 유교의 도덕이 오늘날 우리 사회에 적합하지 못함을 말하고, 오늘의 사회에 사는 길인 민주주의의 뜻을 밝히었다. 외솔은 자신의 민주주의관을 다음의 세 가지로 요약하고 있다.

- 사람이 가장 귀하다. 사람의 존엄성은 침해할 수 없다.
- 사람은 다 평등하다. 사람은 다 똑같이 귀중한 것으로 태어났다.
- 사람은 다 형제이다. 사람은 서로 사랑한다(민주주의와 국민도덕, 12쪽).

그러한 민주주의 정신을 구현하기 위하여 지켜야 할 도덕은 무엇이며, 이 나라를 민주적으로 발전시키기 위하여 국민 각자의 사는 길, 행동의 준칙이 무엇인가에 대한 대답으로서 외솔은 다음의 열두 가지 덕목을 내걸고 이를 본론에서 자세히 풀이하고 있다.

- 부지런히 일하기

- 스스로 서기
- 얼러 힘쓰기
- 책임 다하기
- 사랑과 섬김
- 너그러움
- 평화
- 규율
- 환하기
- 바르기
- 창의
- 소망

여기서 밝히고자 한 것은 외솔이 일제의 침략을 받아 국권을 상실하였을 때 쓴 〈조선 민족 갱생의 도〉에서, 도덕의 경장을 위하여 인격의 존중을 기초로 한 신도덕의 덕목으로 내세운 것과 대한민국이 수립되어 나라를 민주적으로 발전시키기 위한 국민 도덕으로 내건 덕목과가 어떻게 다른가 하는 점인데, 그것을 비교하여 표로 보이면 앞에서와 같다.

민족 갱생(1926)	국민 도덕(1953)
진실하기	정직
신의를 지키기	-
용기 많기	-
독립 자존	자립
사회적 의무 수행	책임 이행
부지런하기	근노역작
-	애정과 봉사
-	협력
-	관용
-	평화
-	규율
-	공정
-	창의
-	소망

이 표에서 외솔이 〈조선 민족 갱생의 도〉에서만 특히 강조한 덕목이 '신의를 지키기, 용기 많기'였으며, 〈민주주의와 국민 도덕〉에서 새롭게 내세운 덕목들은 '애정과 봉사, 협력, 관용, 평화, 규율, 공정, 창의, 소망'임이 드러났다. 이로써 외솔의 도덕 교육에 대한 생각이 시대를 따라 바뀌어 갔음을 알 수 있으며, 민주주의 정신에 입각한 새로운 도덕으로 무엇을 강조하고 있는지가 밝혀졌다.

한 가지 덧붙여 둘 것은 덕목 '부지런하기'의 보탬으로써 페스탈로치의 교육의 목적과 방법을 서술한 것인데, 그러한 부기를 한 까닭은 관심이 깊은 페스탈로치의 노작교육의 정신을 소개하려 한 것이라고 생각한다.

교육의 목적은 사람의 조화스런 발달에 있다고 보기도 한다.

교육의 성자 페스탈로치는 3H(head, heart, hand)의 조화스런 발달을 꾀함이 교육이라 하였다. 머리는 이지를, 가슴은 감정을, 손은 행동을 뜻한다. 쉽게 말하자면 밝은 지식을 닦고, 착한 심정을 기르고, 소용스런 실제스런 일을 할 수 있는 차림을 하는 것이 교육이라 함이다. 오늘날 우리는 손의 사람, 실력의 사람, 생산의 사람을 요구한다.

또 교육의 방법으로 보아서, 생활을 위하여서 뿐 아니라, 또 생활로 말미암아서 베풀어져야 한다고 한다. 또, 교육은 학생의 자발적 활동을 통해서만 참된 교육이 될 수 있다 한다. 이러한 의미에서도 손으로 일하기가 극히 중요시 되어야 한다.

또 교육심리학으로 보아, 사람의 생각하는 지혜와 건전한 심정은 손으로, 몸으로 무엇을 만들어 내기에 열중함으로 말미암아 발달된다 한다. 이런 의미에서도 부지런히 일하기가 교육상 특히 중대한 것임을 단언할 수 있다(민주주의와 국민도덕, 53쪽).

제 4 장

나라 사랑의 길

1. 나라 사랑의 길을 쓰게 된 동기와 목적

외솔이 나라사랑의 길(1958년)을 짓게 된 동기는 어디에 있으며, 그 목적은 무엇인가?를 살펴보면 외솔은 열대여섯살 때인 사립 일신학교(울산 병영초등학교) 시절에 대한매일신보에 실린 오적칠적을 타도하는 기사와 사설을 읽고, 목놓아 울기를 밤깊이 하였다.

서울에서 중학 다니는 시절에는 나라 잃은 울분을 안고, 주시경 스승의 겨레 교육을 받고, 신채호 선생의 '충무공전'을 열심히 읽었으며, 일본 유학 때는 학우들에게 민족의식을 설득하였다. 동래 사립고등보통학교 시절에는 학생들에게 겨레 문화의 심정을 길러 주었다. 세태가 그릇되어 가는 불만의 정은 사회 개량과 겨레 구원의 뜻을 불러일으켜 다시 일본에 유학하고 마치면서, 배달 겨레의 되살아 날 길 〈조선 민족 갱생의 도〉를 지었다.

연희전문학교 13년 봉직 동안에는 〈우리말본〉 연구와 교수에 심력을 기울이고, 출렁이는 일어의 강렬한 파도를 버티면서, 우리말 찾기와 쓰기에 정성을 다하였다. 한편 한글학회를 통한 겨레 의식 고취에 편할 날이 없었고, 그러다가 '조선어학회사건'으로 옥고를 치루었다. 외솔은 두 동지(한 징, 이윤재)의 옥중 이슬로 사라짐을 보면서, 옥중 사색인 '가로 풀어쓰기'를 연구하고, 조국 혼에의 동경인 '옥중 시조'를 읊었다.

임이여 어디 갔노 어디메로 갔단 말고?
풀나무 봄이 되면, 해마다 푸르건만,
어쩧다 우리의 임은 돌아 올 줄 모르나? (아래는 생략)

8·15를 맞아 외솔은 이들을 안고, 일제의 총알에 쓰러질 사흘을 앞두고, 서울로 돌아 왔다. 외솔은 곧이어 동지들과 새 문화 건설의 의론과 한글만 쓰기와 미 군정청 문교부 편수국에서의 새 민주교육과 조국혼의 교육의 진흥을 위하여, 최선을 다하였다. 외솔은 스스로 말한다.

"나는 재직 찬 3년 동안에 공무 시간을 사사로 허비한 일은 촌분도 없었으며, 신문을 들고서 일분의 시간을 보낸 일이 없었다. … 어떤 때에는 달을 등지고, 어떤 때는 별을 이고서, 필동 관사의 골목으로 걸어 돌아가면서, 나는 스스로 나에게 제 나라에 몸 바쳐 섬김의 기회를 부여하신 하느님께 무한한 감사를 올리었다(나라사랑의 길, 머리말)."

외솔은 6·25 사변으로 부산으로 피란할 새, 위태한 나라를 걱정하면서, 「우리말 존중의 근본 뜻」을 지어, 나라말 다듬기의 충정을 세상에 전하였고, 잇달아 〈나라사랑의 길〉 짓기에 손대었으나, 목전에 급한 국민을 경장하고자 먼저 〈민주주의와 국민도덕〉을 지어, 널리 학교 교육에 이바지했다. 〈나라사랑의 길〉은 8년만인 1958년에야 끝을 맺었다(이상은 〈나라사랑의 길〉 머리말 1~4쪽에서).

이와 같은 삶을 통하여 볼 때, 외솔의 나라사랑의 정신은 어릴 때부터 싹이 트기 시작하여, 그 한 삶 동안 처음과 끝이 한결 같았음을 우리는 실감한다. 외솔의 나라사랑의 사상이 얼마나 깊었던가는 다음의 말로 집약된다.

> "겨레는 나의 어머니요, 나라는 나의 아버지이다. 겨레가 아니고는, 나는 타고난 목숨을 누릴 도리가 없었다. 나는 겨레와 나라를 잠시도 떠날 수 없다. 이 〈나라사랑의 길〉은 나의 온 생애를 통하여, 끊임없이 찾고 걷기를 힘써온 생활 원리로서, 겨레와 나라에 대한 나의 끝없는 사랑과 충성의 작업이다(나라사랑의 길, 머리말 끝부분)."

이에 대하여 외솔의 말을 직접 옮겨 놓기로 한다.

> "해방은 되었지만 나라 안의 사정은 〈조선 민족 갱생의 도〉에서 표방된 '생기'는 온데간데 없고, 이 구석 저 구석에 애국자는 많지만 나라 일은 점점 글러져 가는 형편에 놓여 있으니, 거짓(허위)과 우악(폭력)이 들어차고, 진실과 선행은 발 붙일 자리를 잃은 형편이다. 당시 세계 우방의 원조는 풍부한데, 원조 물자는 도회 중심지에만, 그것도 유력 특권자의 부근에만 집중되고, 농민, 어민, 도회 변두리 사람들 국민 대중의 가난과 노고는 아랑곳없었다. 민주주의 표방은 말 뿐이니, 나라의 장

래에 근심의 정을 금할 수 없었다. 다시 말하면, 우리나라에 애국자는 많으나, 진정한 나라사랑을 하는 사람은 드물다. 그들이 사랑하는 것은 나라도, 겨레도, 이웃도 아니요, 다만 권세와 사리와 감투와 교만과 특권이다(나라사랑 1973, 제10집)."

이는 〈나라사랑의 길〉을 지게 된 동기가 된다. 다시 말하면, 애국자는 많으나, 진정으로 나라 사랑하는 이는 드물고, 거짓과 우악이 판을 치는 당시의 사회상과 정치적 비민주적 부패 현상이 이 책을 짓게 된 직접 동기라 하겠다.

외솔의 이 책이야말로 온 생애를 통하여, 끊임없이 찾고 걷기를 힘써온 생활 원리로서, 그 지음은 겨레와 나라에 대한 끝없는 사랑과 충성의 작업이었다. 이 충성에 이끌려 이 책 지은이의 붓을 잡은 것이다. 외솔은 이 책 지음의 목적을 다음과 같이 분명히 밝히고 있다.

"나는 이로써 우리 국민에게 참된 나라사랑의 도리를 가르치고자 함이 그 목적이다(〈나라사랑의 길〉을 지으면서, 앞든 책에서)."

다시 말하면, 나라사랑의 뜻이 무엇이며, 나라사랑의 마음을 가르치는 방도는 무엇이며, 나라와 겨레는 어떤 것이며, 그 이상은 무엇이며, 이루어 놓은 업적은 무엇이며, 들을 밝히는 것 ; 나라와 겨레의 발전과 행복을 저해하는 도적은 바깥에 있지 아니하고 안에 있으니, 그 도덕의 타락을 외치고, 도덕의 개혁을 외쳐, 조국을 구하려면 어떻게 해야 하는가를 역설하는 것, 이것이 곧 이 책의 목적이요, 또한 이로써 국민의 폐부를 찔러 진정한 나라 사랑의 정이 각 사람, 특히 새싹 청년들의 가슴 속에서 용솟음치기를 바라는 것이 이 글의 목적이며 소망이라 하겠다.

생각하건대, 〈조선 민족 갱생의 도〉가 지난 수 백년의 잠자던 '민족'의 역사적 현실과 민족의 숨을 조여 오는 왜정의 억압의 현실 속에서, 빈사 상태에 놓인 겨레를 되살리기 위한 '생기'의 불어 넣음이라 한다면, 〈나라사랑의 길〉은 해방된 '나라' 조국의 거짓(허위)과 타락과 부패, 비민주적 비애국적인 사회 정치의 현상 속에서, 숨죽어 가는 나라를 되살려 놓기 위한 나라사랑의 외침이라 하겠다.

곧 차이가 있다면, 〈조선 민족 갱생의 도〉는 '민족'이 사랑의 대상이었다면, 〈나라사랑의 길〉은 '나라'가 사랑이었다는 점이다(김태길, 1973, 니라사랑 10집). 그러나 이 두 개의 부르짖음의 이론적 저서야말로 그 출판된 시간의 거리는 달리하고 있으되, 민족과 나라의 영원한 발전을 절규하는 외솔의 '나라사랑의 사상'을 한결같이 꿰뚫어 볼 수 있는 공통적 연계성을 가진 것이다. 이는 〈민족 갱생의 도〉가 〈나라사랑의 길〉로 이어지는 까닭이다.

2. 나라 사랑의 길의 내용

외솔이 쓴 나라사랑의 길은 〈조선 민족 갱생의 도〉와 〈민주주의와 국민 도덕〉의 내용을 종합하고, 그 종합된 내용을 여러 측면에서 더욱 보충하여 부연한 것이라고 할 수 있다. 그 내용의 큰 차례만을 소개하면, 첫째, 나라사랑이란 어떠한 것인가?(11~41쪽), 둘째, 민주주의와 나라사랑(42~99쪽), 셋째, 나라사랑의 마음을 기르는 법(100~135쪽), 넷째, 우리나라는 어떠한 나라인가?(136~183쪽), 다섯째, 배달 겨레는 어떠한 겨레인가?(184~251쪽), 여섯째, 나라 흥망의 원리(252~330쪽), 일곱째, 거짓과 우악(331~434쪽), 여덟째, 재건과 발전(435~461쪽), 아홉째, 한배나라의 사랑(462~550쪽)의 아홉 가름으로 짜여져 있다. 그 가운데 처음 나타난 것으로는, 넷째, 우리나라는 어떠한 나라인가?에서 우리 사람들의 소국으로 자처함은 틀린 것이며 한국은 결코 작은 나라가 아니라는 것을 강조하고 있는 점이며, 다섯째, 옛 조선 / 삼국시절 / 고려의 이상과 한양 조선의 국책을 검토하고 밝은 누리의 실현 이상을 굳게 잡자는 제언으로 맺고 있는 점, 그리고 겨레의 운명 개척의 투쟁사를 두어 한 무제의 침략에의 대항 / 삼국의 대외 항쟁 / 고려의 대외 상쟁 / 이씨조선의 무기력 / 겨레의 되일어나 기를 담고 있다. 그런가 하면, 여섯째 가름, 나라 흥망의 원리에서는 그리스 / 로마 / 몽고제국 / 한양 조선의 흥망 원인을 검토한 다음, 나라 흥망의 법칙을 제시하고 있다.

특히 주목을 끄는 것은 일곱째 가름, 거짓과 우악에서이다. 여기에서는 이적(현재)의 중요성을 논의하는 것으로 들어가고 있으며, 거짓의 조각에서는 우리 사회에는 각 방면으로 거짓이 들어찼다고 하면서 그 중에서도 (1) 첫째가는 것은 거짓 애국자의 많음을 구체적인 사례들을 들어 논의하고 있다. 이어서 (2) 공무원의 거짓 / (3) 교육자의 거짓 / (4) 세무원의 거짓 / (5) 군인의 거짓 / (6) 경찰의 거짓 / (7) 사법관의 거짓 / 금융기

관의 거짓 들을 또한 구체적으로 지적하고 있다. 선거에서의 우악과 거짓 및 9·16 진주시장 선거의 부정사건 역시 구체적으로 논하고 있다. 우악의 조각에서는 김창룡 중장 살해 사건 / 장면 부통령 저격 사건 / 합천 선거 연설회 쳐부순 사건 / 5·25 장충단 시국 강연회 방해 사건을 구체적으로 논의하고 있는 바, 당시로서는 정치적으로 민감한 사건을 비판적으로 논의하고 거짓과 우악의 해독 및 그 거짓과 우악의 원인 그리고 그 퇴치의 방법을 검토·제시하고 있다. 대통령 후보로 출마하여 예상보다 많은 표를 얻은 조봉암을 빨갱이로 몰아 사형까지 할 정도의 자유당 독재 시대에 이토록 집권 세력에 적지 않은 상처가 될 수 있는 민감한 사건들을 낱낱이 지적·규탄하고 있다.

이런 점에서 보면, 외솔은 이러한 일들이 나라사랑과 겨레사랑의 정신에서 결코 있어서는 안 될 것으로 확신하고, 나라와 겨레의 장래를 위해 감연히 그 진상을 만천하에 고발한 것이었다 하겠다. 이 고발이야말로 그의 일관된 나라사랑과 겨레사랑을 위한 진정한 용기이었다고 해야 할 것이다(박선영, 2000, 나라사랑 100집, 150~151쪽).

나라 사랑의 개념

최대의 희생으로서의 나라 사랑

애국자의 대표적인 보기로서는, 외국으로부터 침략을 받았을 때 부모처자를 내어 두고 목숨을 바친 사람과 망하는 나라와 운명을 같이 하거나 해외로 나아가 인생 형락을 모두 희생하고, 오직 광복만을 도모하는 정치적 망명객 등은 특수한 경우의 최대의 희생자로서의 나라사랑군(애국자)이라고 외솔은 말한다.

여기에서 우선, 나라사랑은 '특수한 경우, 나라를 위하여 자기 이익을 조금도 돌보지 않는 최대의 자기 희생'이라고 뜻매김하고 있음을 알 수 있다.

나라의 이익과 개인의 이익이 일치하는 나라사랑

나라의 이익과 개인의 이익이 일치하는 것이 떳떳한 나라사랑의 원칙이다. 그리하여 나라를 구원하여 독립 자주를 보전하는 것은 자기 인격의 존엄을 보존함이요, 자손만대의 행복을 보장하는 것이다. 이것이 개인의 이익과 나라의 이익이 일치하는 나라사랑의 개념임을 외솔은 말한다.

그러나 개인의 이익은 나라의 이익과 반드시 일치하는 것은 아니다. 이 이익이 상충될 때는 소수의 이익은 다수의 이익에, 부분의 이익은 전체의 이익에, 개인의 이익은 나라의 이익에 양보하지 않으면 안된다고 외솔은 말한다.

나라의 이익과 개인의 이익간의 문제에서, 외솔은, "나라의 이익은 곧 개인의 이익이 된다"는 참이지만, 거꾸로 "개인의 이익은 곧 나라의 이익이 된다"는 반드시 참은 아니라고 판단한다. 이는 특히 개인의 이익이 사리 사익일 때 더욱 그렇다고 한다.

따라서 "부분을 버리고 전체가 어디 있을쏘냐? 개인의 이익을 무시하고는 전체의 이익은 없다"를 내세워 개인의 이익만을 탐하는 이는 "역정리는 반드시 참은 아니다"라는 논리적 진리를 어기는 것이며, 부분으로 전체를 덮어, 사리사욕을 목적하는 지극히 위험스런 사악의 변호밖에는 아무것도 아니다라고 논거한다. 그리고 고래로 나라를 팔고, 겨레를 좀먹는 행위를 감행한 매국노 모리배의 심리는 대개 이러한 것이었다 하고, 결국 다음과 같이 외친다.

> "나라의 잘 되기는 반드시 개인의 잘되기에 앞에, 다수의 이익은 반드시 소수의 이익 앞에 가지 아니하면, 그 나라는 위태하니라(나라사랑의 길, 15쪽)."

그리하여, 모든 사람이 무슨 행위를 하든지 간에, 항상 그 행위가 다수의 이익과 나라의 이익에 배치되지나 않는가를 반성한 연후에 그 행위를 해야, 독립 자주의 국민으로서, 영구한 행복과 자유를 누릴 것이다라고 말한다(윗책, 16쪽).

나라 사랑의 떳떳한 길

나라가 외적 침략을 받을 경우 목숨을 바치는 것은 나라사랑의 최후 최대의 보기이다. 그러나 인류 사회는 앞으로 이런 최대의 희생을 요구하는 일은 없을 것이고, 그리고 보면 나라사랑의 떳떳한 길은 각개 백성이 제 스스로의 이익을 통하여, 공동의 이익, 나라의 이익을 열매 맺게 하는 데 있다고 외솔은 말한다(윗책 16쪽).

외솔이 여기서 '개인'을 '공동' 앞에다 내세운 것은, 독일 철학자 립스가 말한 사람의 본성에 뿌리박고 있는 제일차적인 이기적 심리와 제이차적인 이타적 심리에 근거하고 있다. 여기서 주의할 것은, "제 스스로의 이익을 통하여 … "의 "통하여"를 너무 강조할 일이 아니라고 한다.

이것이 강조되면 개인의 이익을 꾀함이 없이는 국가의 이익을 꾀할 수 없다고까지 할 염려가 있기 때문이라는 것이다. 외솔은 따라서 그 주장은 가까운 것을 통하여 먼 것에 미치도록 하라는 일반스런 제언을 한 것뿐이라고 설명한다(윗책, 17쪽, 아래, 쪽만 밝힘).

나라 사랑의 내용 분류

외솔은 나라사랑의 본 뜻을 설명하기 위하여 나라사랑의 마음 곧 나라사랑의 내용을 다음과 같이 일곱 가지로 나누었다.

- 주권 옹호
- 강토의 지킴과 정리 개량
- 국민의 생활 안정과 자유 행복 증진
- 역사, 전통, 문물제도 및 언어, 습관들에 대한 애착 개선 육성
- 유형·무형의 정치적 경제적 문화적 재산의 육성
- 생산업 진흥, 소비 절약, 국산물 애용과 외국품의 수입이 적게 하여 국민 행복의 물질적 기초 마련
- 개인에 있어서 그 이익보다 참된 명예를 존중함 같이, 나라에 있어서도 그 이익보다도 그 명예를 더 존중하는 마음

그리고 이러한 나라사랑의 마음으로 나라의 이익과 권익을 위하고, 국민을 섬기는 변함없는 행동이 나라사랑의 행위이며, 이러한 나라사랑의 행위를 하는 사람을 나라사랑군(애국자)이라고 외솔은 말한다(20~22쪽).

나라 사랑의 참 모습

겨레 사랑이 그 초점이다 사람이 만사의 푯대요, 나라사랑의 귀착점은 바로 '사람'이라는 것이다. 나라사랑하는 행위 대상

은 관청 사무, 농사, 교육, 정치운동, 학문 등 그 마음자리의 성질의 어떠함에 따라, 천 가지 만 가지 제한이 없으나, 주의할 것은 나라사랑의 행위 대상은 무엇보다 나라의 주인인 사람 곧 백성, 겨레가 가장 중요한 것임을 인식하는 일이라고 한다.

곧 모든 나라사랑의 행위(위에서 밝힌 일곱 가지 나라사랑의 내용)는 백성으로 돌아가지 않으면 안된다는 것이다. 입으로만 나라사랑을 외치는 것은 다만 청각을 괴롭힐 뿐이라고 외솔은 말하면서, "내가 좋은 옷과 음식을 대할 적에 저 헐벗고 굶주린 동포를 생각한 일이 있는가? 내가 내 일신 일가만을 위하여 살아오지 아니 하였나? 내가 자동차를 타고 갈 때 걸어가는 늙은이, 병든이를 보고 미안한 생각한 일이 있는가?" 이러한 물음에 대하여, 긍정하는 대답을 얻지 못하면 나라 사랑군이 아니라는 것이다.

또한 좋은 옷을 감고, 좋은 수레를 타고, 큰 강당에서 한자리 큰 연설을 하는 사람이 아니라, 넘어진 어린아이를 잡아 일으켜 주고, 길가의 가시를 치워 주고 하는 것이 나라사랑이다라고 한다.

이는 진실로 '나라사랑의 최후의 진정한 대상은 그 국민'임을 확신한 것으로, 나라사랑의 참뜻이 여기에 있음을 보인 것이라 하겠다. 곧 외솔은 나라사랑의 초점을 '국민, 동포, 겨레' 사랑에다가 맞추고 있으니, 이는 '사람'이 만사의 푯대요, 나라사랑의 귀착점이라고 본 것이다(22~25쪽).

나날의 살이, 작은 일에서 나라사랑은 반드시 전국의 백성을 상대로 하여서만 일어나는 것은 아니다. 작은 구체스런 세계에 대하여 움직이는 것이 도리어 자연스럽다는 것이다. 신변의 변변찮은 사물에 대하여서도 그것들이 나라에 대하여 중대한 관계와 많은 의미를 가진 것으로 보고, 이를 바로 처리하여 가는 데에 온 나라의, 온 누리의 문제와도 관련성을 풀어 얻을 수가 있다고 보는 것이다.

이를테면, 밥짓는 방법, 구들방의 개량, 종이, 잉크, 철필의 제조와 사용들, 사소한 사물이 객관적으로 가지고 있는 온 나라, 온 세계와의 구체적 관련성을 잘 풀어 처리하는 데에 나라사랑의 현대적 합리화가 되는 것이라고 한다.

외솔의 여기서 말하는 나라사랑이란, 곧 '신변의 작은 사물'에 대한 사랑이요, 나라사랑의 행동이란, 또한 그 나날의 살기에서 그 신변에 가까이 있는 '개개의 사물 개개의 동포'에게 나타내는 것이 자연스럽고 뿌리 깊은 것이라고 보고 있는 것이다(25~27쪽).

나라 사랑은 정부, 정당을 사랑하는 것이 아니다 나라는 나라이요, 정부 그것은 아니다. 나라는 영토, 국민, 주권으로 되어 있는데 정부는 주권(입법, 사법, 행정)의 3분의 1을 갈라 가진 한 기관인 것이다. 또한 나라사랑은 어떤 정당을 사랑하는 것과도 다르다는 것이다.

나라는 백성의 나라이요, 정부의 나라도, 나라의 나라도 아니다

나라는 사람 생활의 한 방식, 한 체제로서 조직된 것이요, 결코 초월적 존재는 아니라는 것이다. 나라를 절대적 존재로 숭배하는 사상은 헤겔의 철학에서 나와 마르크스가 이를 계승하여 그 전체주의를 강력하게 실시함과 같다.

여기에서는 백성은 단순한 수단이요, 나라가 목적 그것이다. 그리하여 사람은 기계나 연장으로 다루어지고, 거기에서는 사람의 자유와 인격적 존엄은 인정되지 아니한다. 우리가 원하는 나라사랑은 이러한 것이 아니요, '민주주의스런 나라'의 사랑이라고 외솔은 못박는다(29쪽).

편협한 나라 사랑　편협한 나라 사랑은 전쟁의 근본 원인이 된다는 것이다. 제 나라 사람만이 사람이다라는 생각은 저희들끼리의 단결이 강하여지는 동시에 남의 나라 사람은 나쁜 사람이므로, 오만과 잔학한 행위로 대하게 된다.

다른 겨레에 대한 배타적 심한 멸시와 제 겨레에 대한 과도한 자랑은 드디어 이 세계를 불안과 공포에 떨게 하는 것이니, 인류 역사의 끊임없는 전쟁은 이러한 편협한 나라사랑이 그 근본 원인이었다고 한다. 내 나라의 독립 자유를 위하는 것처럼, 남도 또한 그들의 안전한 행복을 기원해야 한다고 한다(29~33쪽). 여기에서 외솔의 '대승적인 인류애'의 나라사랑을 읽을 수 있다.

나라 사랑의 값어치　그러나 외솔은 다시 제 나라 사랑의 값어치에 초점을 맞춘다. 곧 편협한 나라사랑을 옳지 못하다고 비평하는 나머지, 경솔히 나라사랑을 초월하여 '달관'하고자 하면 이는 안될 말이라고 경고한다.

옛 철학자 아리스토텔레스는 "사람은 국가적 생물"이라고 함을 들어, 오늘의 나라라는 것이 최상의 것은 아닐는지도 모르나, 사람은 누천년의 경험에서 아직 나라 이상의 생활양식을 발견하지 못했음을 거론하면서, 사람이 사람다운 생활의 가지가지가 다 이 나라라는 조직 안에서 이루어진 것이니, 사람으로서 제 나라를 가지지 못한 개인으로서는 아무리 훌륭하다는 조건을 갖추어 있어도, 결코 훌륭한 대접을 받지 못한다고 외솔은 말한다.

이는 사람은 마땅히 나라를 사랑하며, 섬기고, 발전시켜야 할 것이요, 정당한 나라사랑은 그 나라의 크고 작음과, 국민의 수가 많고 적음과, 나라의 힘이 세고 여림과 상관없이 항상 높이 평가해야 한다는 것, 이것이 외솔의 이 대목의 결론이다. 그리고 외솔은 힘주어 말한다.

> "나라사랑군은 다만 제 나라 사람들에게서만 존경을 받는 것이 아니라, 나아가, 세계 사람에게서, 그 적국인에게서조차, 존경을 받게 되는 것임을 우리는 명념해야 한다. … '먼저 그 나라와 의를 구하라(40~41쪽)."

민주주의와 나라 사랑

나라 사랑의 시대적 변천

여기에서 외솔은 국가형성의 과정을 통하여, 변천되는 나라사랑의 형식을 다음과 같이 말한다. 나라가 곧 임금의 개념인 군주국가에서는 나라에 대한 충성은 오히려 임금에 대한 충성으로 다루어지고 있었다. 옛 동양에서의 오륜에 따른 임금과 신하와의 관계가 그것이다.

서양의 고대 도시 나라에서는 국민의 나라사랑이 매우 강하였다. 플라톤은 "우리를 낳고 우리를 기르고 우리를 교육하는 것은 우리 나라이다"라고 말하였고, 아울러 나, 스포클레스는 "우리를 지키는 이는 우리 나라이다"라고 말하였다.

중세에 와서는 나라의 땅 넓이가 커지면서, 나라 전체에 대한 섬김의 열정이 감소했다. 근대에 와서는 겨레 의식의 자각의 현실인 겨레 나라(민족국가)로 들어오면서, 나라사랑이 역사적 중요 사건으로 나타나며, 특히 민주 국가의 민주주의의 발달로 나아가면서, 그 민주주의가 근대인의 나라사랑의 근본 힘이 되었다(42~46쪽). 이와 같이 살피면서, 그 까닭은 무엇일까?라고 묻고, 외솔은 그 답을 다음과 같은 민주주의의 본질과 실제에서 구한다.

민주주의의 본질과 실체

외솔은 민주주의의 본질을 다음과 같이 밝혔다.

각 개인의 평등과 권리 조물주는 사람을 본질적으로 평등의 권리로 창조했다. 다만 사람이 사람의 손으로 사람 사이에 불평등을 만들었을 뿐이다. 이 불평등의 인간 사회에 평등의 원리가 실현되는 민주주의가 이루어지기까지에는 오랜 세월과 많은 노력과 수없이 많은 희생이 요구되어 왔다. "평등은 분명히 민주주의의 혼이다"(49쪽). 이 평등의 민주주의는 근대인의 나라사랑의 정을 움직이는 근본 힘이 된다고 외솔은 본다.

각 개인의 자유와 존중 민주주의는 각 개인의 자유를 존중한다. "역사의 진보는 자유의 진보이다"라고 헤겔은 말하였지만, 자유는 각 사람의 자유를 존중하는 민주주의의 특징이다. 물론 이 자유는 멋대로(자의)도, 모짊(흉포)도 아니다. 또한 그렇다고 제한된 자유도 아니다. 진정한 자유는 사람이 사람으로서 자유스러운 것이니, 자유가 정신의 가장 특이한 본성을 이룬다는 자각에의 도달이다.

민주주의 발달사에 있어서, '자유'란 중대한 사상적 요소이다. 또한 그것은 필요한 창의력을 발달시키고, 진취의 기상을 풍부히한다(49~51쪽).

이와 같이 설명한 외솔은,

> "민주주의의 기초는 사람의 존중에 있다. 그리고, 사람 정신의 본질이 자유스러움에서 성립하는 이상, 사람 존중은 자유스러움의 존중이 아니면 안 된다(55쪽)."

라고 결론한다. 이는 곧 사람의 자유 존중의 민주주의는 나라사랑의 힘이 된다는 것이다.

인성에 대한 신뢰 민주주의 본질은 사람의 본성(이성)에 대한 신뢰를 가짐이다. 외솔은 미개 사회의 남에 대한 적대 심리나, 최근세에 이르기까지의 변함없는 독재자의 그릇된 편견의 심리도 결국 점차로 사상의 수정 진보의 형식을 보이고 있음을 고대의 성인, 철인, 현인, 종교가, 교육가, 그 밖의 각 방면의 학자, 사상가들의 업적으로 실증하고 있다.

다음은 외솔이 보인, '사상의 진보'에 공헌한 이들이다(김석득, 2000, 외솔 최현배의 학문과 사상, 371쪽).

- 석가모니의 자비
- 공자의 인
- 소크라테스의 착함과 이익, 덕과 복이 한 가지임을 가르

침

- 예수그리스도의 사랑
- 플라톤의 이상주의
- 맹자의 인성의 착함의 가르침, 인의 근본의 왕도정치
- 프란시스 베이컨의 경험의 소중함의 가르침
- 존 로크의 사람의 자연스런 신성한 권리
- 몽테스키외의 삼권 분립
- 볼테르의 자유 평등의 사회 개량
- 루소의 자유 평등, 온전한 자연 상태 찬미
- 애덤 스미스의 자유 방임 경제가 나라를 가멸케 한다는 이론
- 칸트의 비판 정신, 지식의 이치, 인격 가치의 절대성
- 루터의 종교 개혁

이 밖에 그리스 로마의 사람 존중의 인문주의, 영국 혁명 및 북아메리카의 독립 선언, 프랑스 혁명, 1차 · 2차 대전의 격동 시대와 그 결과 얻어진 인성 존중에 대한 선언들, 허다한 사건과 노력과 희생의 과정에서 정당한 깨침과 튼튼한 믿음(신뢰)을 얻게 된 것이 인성에 대한 신뢰이었음을 외솔은 설명한다. 그리고 그 대표적인 것으로 국제연합의 사람 권리의 연합 선언의 첫째 조목을 들어 이를 강조한다. "사람은 다 이성과 양심을 타고 났으니, 서로 더불어 형제의 의로 지내어야 한다."

이는 이성과 양심은 나뿐 아니라, 어떤 땅 어떤 종족의 사람이든 똑같이 타고난 귀중한 천성인즉 이를 인정 신뢰함이 민주주의 생활의 근본 원칙임을 강조한 것으로(72~73쪽), 외솔의 인도주의적 사상을 엿볼 수 있는 대목이요, 또한 민주주의의 기본 원칙인 사람 본성의 존중을 통한 사람의 사랑, 나라사랑 사

상을 잘 보이는 대목이기도 한다.

민주주의의 세 가지의 실제적 방면 위에서 보인 민주주의의 세 가지 근본 원리가 실제적 방면에 어떻게 실시될 것인가를, 사회, 경제, 정치의 세 가지 방면으로 외솔은 설명한다. 사회적 방면에서는 일체의 인위적인 차별을 부인하는 것이요, 경제적인 방면에서는 각 사람의 직업의 자유 선택권과 기업의 자유를 보장하는 것이며, 정치적인 방면에서는 백성이 정치의 주체가 되는 것이다(74~75쪽).

외솔의 이와 같은 관점은 사람의 인격의 존엄성과 개인의 가치 존중과 공평의 태도와 나아가서, 사람의 생활의 끊임없는 개선 진보 향상을 도모하는 외솔의 신념이기도 하다. 그리고 그것은 높은 사람스러움(인간성)의 실현을 목표로 하는 외솔의 이상이기도 하다.

민주주의와 나라 사랑 그러면 민주주의와 나라사랑은 어떻게 연관되는가? 민주주의는 국민의 각 사람의 권리와 자유를 가지는 것이므로, 모든 사람은 다 같이 행복과 이익을 위하여, 나라 일에 참여케 된다. 여기에서 나라는 '내 것', '우리의 나라', '내나라'가 된다. 민주주의에 나라사랑의 본질이 있음은 이런 까닭이다(76~77쪽)라고 외솔은 풀이한다.

그리고 외솔은 민주주의에서 발견할 수 있는 참된 조국의 인식과 조국의 일에 적극적으로 참여할 때, 나라사랑의 본질이 생겨남을 논증한다. '민주주의를 실천함으로써 나라사랑의 길로 나아가는 것에는 무엇이 있는가'라고 외솔은 묻고, 이 답을 다음과 같이 제시하였다.

- 하나의 조국이라는 인식에서, 분쟁보다는 화합과 통일을 지향하는 것이다. 프랑스 혁명의 결과와 미국의 검둥이 종의 해방을 위한 남북전쟁의 결과에서 보인 화합과 통일의 예는 좋은 보기이다(77~81쪽).
- 전체적 이익과 사회적 행복을 위하여, 다수 민중인 평등이 친구에 대한 사랑과 섬김은 민주주의스런 나라사랑의 중심적 내용이 된다. 또한 피차의 의견을 존중하고, 서로 협력·협동하는 노력이야말로 민주주의 사회의 나라사랑이다(88~90쪽).
- 자유, 평등, 사랑의 원리로 민주주의의 밑바탕을 삼고, 독립 정신과 책임감을 가지고 협력하는 일이 필요하다(90쪽).
- 다른 의견을 가진 나라사랑군이 있어도 너그러이 용납하는 것, 이것도 나라사랑의 길의 하나다(90~93쪽).
- 미래에 대한 소망을 갖는 것도 나라사랑의 길이다. 곧 민주주의스런 나라사랑군은 현재의 실패에 낙망하지 않고, 눈앞의 고난에 굴복하지 아니하며, 미래의 광명에 대한 소망을 가지는 것이다(93~94쪽).
- 민주주의는 근본적으로 평등의 원리 위에 서는 것이니, 나라사랑의 의무도 소수의 특징인이 아니라, 다수의 평범한 사람을 기반으로 평범한 일, 작은 일에 충성을 다하는 것이 곧 나라사랑의 길의 하나다. 평범한 생활에서 길러온 나라 사랑이 없어서는 비상한 때(사변이나 전란) 희생을 각오하는 나라사랑은 나오지 않는다(95~99쪽).

이상과 같이 외솔의 나라 사랑의 근원은 나라의 민주주의의 본질에서 찾고, 민주주의의 주인인 국민이 나라사랑을 하는 길은, 화합과 통일, 평등의 친구에 대한 사랑, 독립정신과 책임감, 남에 대한 너그러움, 미래에 대한 소망, 그리고 평범하고 작은 일에 충성을 다하는 것이라 한다.

그리고 이러한 평범한 나라사랑에서 비상한 때의 희생적 나라사랑도 생긴다는 것을 이론과 역사적 경험으로 논증하고 있다. 곧 외솔의 나라사랑은 '민주주의의 본질'에서 우러나고, 나라사랑의 길은 '사람을 위한 평범한 일'에의 충성을 다하는 것으로 귀결한다.

나라 사랑의 마음을 기르는 법

나라 사랑의 의무

외솔은 나라사랑의 마음을 기르는 법에 있어서 그 의무와 특질에 대하여 다음과 같이 설명한다.

> 나라는 국민의 나라다. 그러므로 국민은 나라사랑의 의무가 있다. 그런데 이 의무의 이행은 법률적(납세, 병역, 교육)인 강제가 아니라, 다만 국민의 도덕이 그 이행을 요청할 뿐이다. 철학자 칸트는 "의무는 다만 의무인 때문으로 하는 것이 가장 도덕적 행위다"라고 하였는데, 나라사랑은 각 개인의 자발적인 심정으로 판단된 가장 도덕적인 행위로서의 의무 이행이다.

결국 외솔은 국민은 나라사랑의 의무가 있으며, 그 의무는 자발적 심정으로 판단된 도덕적 행위로서의 의무 이행이라고 명쾌히 밝혔다.

나라 사랑을 기르는 법

외솔은 나라사랑도 길러야 한다고 말하면서 그 기르는 방법을 제시한다(104~135쪽). 이 문제와 관련하여, 사람의 심리적 현상을 투시하고, 분석하는 심리학적 방법을 동원한다.

외솔은 나라사랑을 기르는 방법에는 '교육의 방법'과 '생활에 말미암은 방법'이 있다고 제시한다.

생활에 말미암은 방법 이 방법은 사람의 감정을 움직이는 심리적 자연에 따라 이를 북돋우고, 피어나게 하는 방법이다. 즉 이는 나라사랑의 감정을 자발적으로 움직이는 법이니, 저절로 나라사랑의 마음을 기르는 법이다. 다시 말하면 나라에서 국민의 생활을 인도함으로써 그 마음으로부터 저절로 나라사랑의 정이 솟아 나오도록 하는 방법이다. 그 구체적인 방법으로 다음과 같다.

① 산천의 미와 인정의 미를 돋구라 집에 꽃을 심어 집안을 아름답게 하면, 제 집을 사랑하는 마음이 생기는 것처럼, 나라땅을 아름답게 하면, 인정의 아름다움을 낳고, 또 나라사랑의 마음을 불러일으킨다. 이 아름다운 나라땅에 사람의 마음을 아름답게 하며, 그 풍속을 아름답게 하면, 이는 금상첨화의 격으로 나라사랑의 마음을 기르기에 가장 많은 효과를 가져올 것이다. 그러므로 그 나라가 온 국민의 사랑 받기를 원하거든, 먼저 그 국민의 교양을 높이며, 그 풍속을 고상하게 하며, 그 인정을 아름답게 하는 것이 곧 나라사랑 기르기의 한 방법이 되는 것이다

(106~s109쪽).

② 만민에게 나라의 혜택을 입힐 것 - 민복을 꾀하라 외솔은 나라사랑을 기르는 방법으로 사람의 제1차적 이기주의와 제2차적 이타주의의 심리적 현상을 방법으로 다음과 같이 제시하였다.

사람은 자기를 위하는 마음에서 남을 위하는 것이다. 그러므로 남을 위하여 혜택을 주는 것은 곧 저를 위함이다. 그러므로 첫째, 온 국민에게 먹기, 입기, 살기에 혜택을 입혀라. 그러면 국민은 나라의 덕택으로 살아간다는 깊은 느낌을 받을 것이니, 이것이 나라사랑을 촉발하는 기틀이 된다.

둘째, 관공리가 청렴하고 공정한 행정을 해야 할 것이며, 또한 그와 같이 할 수 있도록 최저 한도의 생활을 보장하라.

셋째, 국민을 진정으로 사랑하라. 그러면 국민은 능히 나라의 은혜를 느낄 것이다.

외솔은 이와 같이 사람은 물리적 복리와 정신적 사랑의 혜택이 있을 때 비로소 나라를 사랑하는 생각이 우러나온다고 본다. 따라서 물질적 복리도 부족하고 국민에게 대한 사랑도 부족하면, 나라의 은혜도 느낄 수 없는 것이요, 나라사랑의 생각은 일어나지 않을 것이라고 본다. 그 예로 외솔은 당시의 국민방위군 의혹 사건에서의 독직, 불합리, 몰인정을 들었다. 여기에서 나라사랑이 일어나겠느냐고.

③ 국민의 생명, 재산을 보장하라 이 또한 나라사랑의 정신을 기르는 방법이다. 첫째, 나라는 그 국민 각 개인의 인권을 존중하며, 불법 침해해서는 안된다. 그렇지 못할 경우에는 나라의 강

권에도 불구하고, 국민의 분노가 극에 달할 것이다. 우리나라 홍경래 란과 동학란 그리고 프랑스혁명 및 러시아혁명 등이 그 역사적 교훈의 사례이다.

둘째, 국민의 생명과 자유의 보장을 행복의 근원이다.

셋째, 외적으로부터의 생명 자유의 침해를 방위하기 위한 강한 동포 의식, 같은 핏줄, 같은 운명의 국민 공동 의식을 가지도록 교육해야 한다(118 ~124쪽).

④ 제 나라의 문화를 이해시키라 사람은 제 이상의 실현을 위하여 사는 것이다. 그러므로 그 나라가 그 사람의 이상에 들어맞으면, 나라를 사랑하는 정이 절로 생긴다. 이런 관점에서 첫째, 나라의 문화의 역사를 알게 하고, 문화의 유물을 이해시킬 것이며, 둘째, 모든 문화의 기초가 되는 근본 문화인 말과 글을 이해시키고, 사랑하게 하는 것, 이것들이 나라사랑의 마음을 일으키게 하는 방법이다(124~126쪽).

⑤ 제 나라의 풍토, 경치, 고적, 풍속, 습관, 문화에 친숙케 하라 외솔은 "사람은 무엇이든지 그것과 친하면 자연히 그것에 대한 사랑하는 정이 생기는 것이 예사이다"라고 말하고, 또한 나라사랑 기르기의 원리는 사람의 심리적 움직임을 투시하는 것이라 말하면서 다음과 같이 예를 들었다.

첫째, 자녀에게 국내 각처의 풍토 경치를 친하게 할 것이다.

둘째, 각지의 풍속, 습관, 인정에 친하게 할 것이다.

셋째, 나라의 성장 발달의 역사와 문화적 유물과 친하게 할 것이다.

넷째, 조국의 뿌리의 깊음을 친히 몸 겪음으로 알게 할 것이다(127～ 130쪽).

⑥ 백성으로 하여금 생기를 왕성히 하고, 이상을 높이 하게 하라

'살음', '생기', '이상'은 외솔의 삶의 기본 철학이다. 외솔은 사랑의 원리도 여기서 찾는다.

> "사랑의 정은 생명과 이상의 발현이다. 생명이 동하는 곳에 사랑이 있으며, 이상이 일하는 곳에 사랑이 있다(130쪽)."

이는 사랑은 생명과 이상을 피어나게 하는 힘이며, 또한 생명이 움직이고 일하는 곳에 사랑이 있다는 논리이니, 사랑과 생명과 이상은 밀접한 상호 작용 관계에 있음을 설파한 것이다. 그러므로 국민의 생기를 왕성하게 하고, 이상을 높이 가지도록 하면, 국민의 마음에서 저절로 나라사랑의 감정이 동하게 된다는 것이다(130～133쪽).

외솔은 이제까지 본 바, 나라사랑은 결코 강요된 것이 아니라(강요된 나라사랑은 진정한 나라사랑은 아니다), 그 정이 국민의 생활을 잘 인도함으로써 마음 자리에서 저절로 솟아나게 하는 것임을 논설의 초점으로 삼았다는 데 우리는 주목해야 한다.

나라 사랑의 교육

외솔은 나라사랑을 기르는 방법으로 교육의 방법과 생활에 말미암은 방법을 제시했었다. 그 중 생활에 말미암은 방법은 앞에서 소개되었고, 이제 여기서는 교육에 의한 나라사랑의 기름 법을 소개한다. 교육이란 그 나라 구성원의 내부적 결속과 통일을 목표하는 과업이라고 말하면서, 나라사랑을 다음과 같이 말한다.

국토, 나라라는 것은 그 크기가 감각의 대상을 넘어가고, 그 형체가 역시 우리의 감각에 들어오지 않는 일종의 추상적인 관념이기 때문에, 사람의 자연의 정을 끌기에는 부적당하다. 그런데 이제 사람의 교육은 안 보이는 나라를 보이게 하고, 벅차게 큰 국토를 작게 하여, 만만한 감각의 대상으로 친숙한 사랑의 대상으로 만들어 놓는다. 그것은 특수한 이해를 뛰어넘어, 나라의 구성원으로서의 공동의 감정, 이해, 사명을 가지도록 가르친다. 행사의 의식은 사람의 감각과 감정에 호소하여, 일종의 흥분과 도치의 속에서 나라의 모습을 우리의 가슴에 새긴다.

여기 나라사랑은 생생한 또는 신비한 힘으로써 자라나는 것이다. 제 몸소 느끼는 교육, 여러 사람이 함께 느끼는 교육은 수많은 국민 특히 지식 정도가 낮은 대중, 감격성이 많은 청년 남녀에게 말할 수 없는 힘을 가지는 것이다. 그러므로 나라사랑의 마음을 기르는 법으로서의 교육을 또한 경시할 수 없다. 이상은 외솔이 '교육의 힘'으로 나라사랑의 마음을 기르는 원칙으로 설명한 것이다.

우리나라는 어떠한 나라인가?

이에 대한 대답은 우리나라에 대한 인식의 교육이요, 이 교육을 통하여 나라사랑의 정을 일으키게 하는 방법이다.

자연의 아름다움

우리나라는 '금수강산'이다. 이는 과장이 아닌, 우리나라의 지리 공부를 통해서, 또는 세계를 둘러 구경하고 온 사람의 경험에서 비로소 깨친 사실이다(136쪽).

푸짐한 자연

우리나라 자연은 아름다울 뿐 아니라 푸지다. 각종 광물, 각종 해산물, 각종 농산물, 수력 발전의 자원(외솔은 일일이 그 통계까지 제시했다) 등이 그것이다(137~138쪽).

푸짐한 문화

문화란 사람이 자연 그대로 있지 아니하고, 사람이 사람다운 살음을 일삼느라고, 여러 모양의 활동을 하는 일과 그 활동으로 이루어진 결과를 이른다. 이러한 문화는 같은 피로 된 사람의 무리 곧 겨레에 의하여 이루어진다. 겨레는 곧 문화 생활의 한 낱덩이인 것이다. 그러므로 겨레가 있는 곳에 반드시 겨레 문화가 있다. 그러면 배달 겨레가 반만년 역사에 이루어 놓은 문화공탑에는 어떠한 것이 있는가? 외솔은 이를 다음과 같이 말한다.

한글과 활자의 발명 인류 사회의 어두운 장막을 걷고 밝은 태양을 골고루 비취게 한 열쇠는 '글자'이다. 시간의 고금을 통하여, 공간의 원근을 통하여, 사람의 지식을 보존하고, 펼치고, 불리우고, 깊게, 높이는 신통한 노릇은 글자라는 연모이니, 사람에게 가장 근본이요, 소중함이요, 훌륭한 것이다. 우리는 그 연장 한글을 가졌다. 한글은 가장 발달한 문자 글자이요, 세계에 유례없는 독창적인 것으로, 우리말 소리 적기에 적당한 것이다. 한편 독일의 구텐베르그의 1450년의 활자 창안의 영예를 허락했으나, 사실 우리는 그보다 200여 년 앞선 고려 고종 21년(1234)에 이미 최초의 금속활자로 큰 질의 책을 찍어 내었다하며, 한양 조선 태종 3년(1403)에는 활자공장을 차리고, 구리 활자 수십만을 지었다(139~142쪽, 프랑스 파리의 국립도서관에 보관되어 있는 '직지 심체 요철', 일명, 직지심경은 1377년 청주 흥덕사에서 간행된 책으로 세계에서 가장 오래된 금속활자본이라는 유네스코(unesco)의 인정을 받고 있다).

이와 같이 외솔은 한글의 창안과 배달 겨레의 세계에서 가장 먼저 활자의 지어냄과 가장 먼저 활자 사용의 영예를 가지고 있음을 강조했다. 그리하여 한글 훈민정음이 유네스코에서 세계기록유산으로 지정되었다는 사실이다(김석득, 2000, 외솔 최현배의 학문과 사상).

기계류의 발명 진천뢰는 이 장손의 개량을 거쳐, 비격진천뢰란 이름으로 임진왜란에 쓰인 것으로 박격포의 최초이다. 세종대왕 때의 장영실의 여러 가지 천문기기(천체 관측기), 해시계, 물시계(자격루), 강우량을 재는 그릇(측우기), 첨성대(신라 성덕왕 때, 637, 동양 최고의 천문대), 고려 때의 팔만대장경, 고려 고종 21(1234)년의 활판 인쇄는 세계에서 가장 앞장 선 것이다. 그 밖의 기상변화책들("풍문기", "승정원일기" 등)도 진귀한 문화재다(142~145쪽). 외솔은 겨레의 품위와 무게를 결정하는 이 문화공탑을 모두 나라사랑의 교육에 초점 맞추고 있으며, 그 예들은 다음과 같이 제시하고 있다(김석득, 앞의 책).

학술의 발달 신라 이래 한문학을 필두로, 유교학(유학), 불교학, 역사학, 국문학의 빼어난 많은 학자와 그 업적이 빛난다. 그 밖의 여러 가지 기술에 관한 학문(삼국시대부터 산술, 천문,

의학, 병학, 법률 들)도 뛰어남을 배워 알 필요가 있다(145~153쪽).

미술 공예 배달 겨레의 예술적 능력이 푼푼한 천품을 가졌으므로, 고구려의 미술, 백제의 미술, 신라의 미술이 뛰어나다(153~162쪽).

음악 배달 겨레의 음악적 소질도 고구려, 백제, 신라 세 나라에 이미 상당히 발달하여, 각종의 악기의 사용과 많은 음악의 천재가 있음도 교육을 통하여 알아야 한다. 가야나라(가야국)의 악사 우륵의 12줄 가야금 만듦, 백제의 공후, 세종 때의 박연의 궁중 아악 등을 상기할 필요가 있다(162~164쪽).

문화의 퍼짐 우리의 창의력과 발명재로 이룩된 문화의 열매는 일본으로까지 전파되었음도 알아야 한다(164~176쪽).

우리 나라의 크기

정당한 자기 인식을 위하여 우리 나라의 크기를 알 필요가 있다. 크기로 볼 때, 우리는 결코 작은 나라가 아니라는 새로운 인식을 해야 한다. 조사하되(당시), 강토는 남북 합이 22만 평방킬로미터이요, 인구는 2,968만(현재 남북한 인구가 약 7천5백만명)인으로 세계의 87개 나라에서 13번째가 된다. 그리고 우리는 더욱 세계에서도 큰 문명국이다. 그러니 우리는 작다라는 관념을 버리고, 나라의 운명을 개척해야 한다.

우리 자신을 스스로 얕잡아 보는 습성, 우리 나라를 과소 평가하는 버릇은 나라사랑의 방해를 부르는 큰 원인적인 고질병이 되는 바, 이를 치유하고, 제 나라에 대한 자부심을 갖게 하는 외솔의 충정이 여기에는 깔려 있다(김석득, 앞의 책).

배달 겨레는 어떠한 겨레인가?

외솔은 나라사랑의 마음을 기르는 법에는 생활에 말미암은 방법과 교육에 의한 방법이 있음을 밝힌 바 있다. 이제부터는 나라 사랑을 해야 하는 우리에게 배달 겨레에 대한 '정체'를 역사적으로 인식시키며, 나아가서 우리에게 부여된 과제를 인식하고 해결하는 단계로 넘어 간다. 우리에게 부여된 과제란 결국 나라 사랑의 길이다. 외솔은 우리 배달 겨레의 '정체성'에 대하여 다음과 같이 말한다.

겨레의 이상

우리의 옛 조상의 보편적인 이상은, "널리 인간을 유익하게 함"의 생활 이상이요, 나라 정신이었다(187쪽). 그것으로써 군자의 나라, 예의 나라, 착한 사람이 나라로 존경과 칭찬을 받은 것이다. 이는 삼국 시절의 이상, 고려의 이상 등으로 나타나고, 한양 조선의 국책으로서의 겨레의 이상인 '밝은 누리의 실현으로 번성하고, 세종의 훈민정음 창제의 이상 실현으로 나타난다. 외솔은 이와 같이 겨레의 이상을 역사적으로 투시한다. 그리고 우리는 이 겨레가 누려 온 이상을 굳게 잡아, 밝은 누리를 실현해야 한다고 강조한다(184~196쪽).

겨레의 운명 개척의 투쟁사

역사적으로 볼 때, 한수제의 침략에 대한 대항, 삼국의 대외 항쟁, 고려의 대외 항쟁, 조선조의 무기력과 일제의 침략으로부터 되일어나기 등 겨레의 운명은 개척의 투쟁사였음을, 외솔은 밝힌다. 그러면서 외솔은, 겨레의 운명을 용감하게 끈기 있게 개척하여 온 역사를 가진 우리는 현재 둘로 갈라져 있으나, 결코 둘로 갈라질 수 없는 통일을 이룩함이 주어진 우리의 과제라고 역설한다(196~221쪽).

겨레의 소질

우리 겨레는 역사적으로 볼 때, '몸의 소질'로서 세차고 질긴 생물학적 힘의 소질을 가졌다. 개체적 종족적 생활력은 여기서 나온다. 배달 겨레의 '체력의 국제적 발휘'는 우리의 체력과 정신력의 소질을 증명함이다. 우리는 또한 '얼(정신)의 소질'로 지력의 우수함을 가지고 있으며, '감성이 빼어나'고 '의지력이 검질기'다. 이 모든 것은 역사적으로 증명된다(221~251쪽).

위에서 들어 보인 겨레의 소질의 각각에 대하여, 외솔은 그 역사적 사실을 소상히 밝히고, 아직도 우리 앞에 계속되는 항쟁의 역사를 이 겨레의 소질로 이겨 내야 한다고 힘주어 말한다. 이와 같이 힘씀은 또한 외솔이 지향하는 나라사랑일 것이다.

나라 흥망의 원리

외솔은 나라사랑을 하는 이에게 나라의 흥망의 원리를 동서양의 역사적 사례로써 밝게 일깨워 준다. 여기에서 우리는 나라 흥망의 법칙을 알게 되고, 나아가서 우리 나라가 처하여 있는 현 주소를 인식함으로써 나라를 흥하게 하는 나라사랑의 열쇠를 얻게 된다. 다음은 외솔이 밝힌 동서양 나라의 흥망의 보기를 간추린 것이다(김석득, 앞의 책).

그리스의 흥망 스스로 헬레네스라고 일컫는 그리스인은 발칸 반도의 '에게 문화'를 쓸어 치워 버리고, 그 헌터(폐허) 위에다가 '헬레네스 문화'를 찬란하게 차리었다. 이 헬레네스 문명은 아시아, 이집트의 문명을 섭취하여, 그리스 모든 도시 나라의 주민들이 예술적 및 과학적 노력으로 완성된 것이니, 그 중에서도 특히 철학(소크라테스, 플라톤, 아리스토텔레스)은 후세에 영향이 커서, 인류의 정신과 사상의 발전에 이바지한 인류 문화적 유산이다. 이렇듯 정치나 문화적으로 빛나던 그리스는 쇠망하였으니, 그 원인은 무엇이었을까? 그리스의 쇠망의 원인은 다음과 같다.

- 독창적 내적 생명력의 쇠퇴
- 고유의 경기 정신 잃음
- 이기적 개인주의, 방종과 향락
- 신체 쇠약, 혼인 생활의 문란
- 궤변술의 성행
- 순전한 실리적 정객의 횡횡과 제 웅변술만 자랑, 당쟁에 급급
- 대지주의 소유 집중
- 생활상 부패, 불량분자 횡횡
- 신앙적 혼란 : 종교에서 신앙적 신화는 무력하고, 범신론적, 무신론적 혼란
- 납세 의무의 게으름과 국고의 말라 없어짐(252~258쪽)

이상은 헬라스가 정치에, 혹은 경제에, 혹은 사회에, 혹은 생물학적 원인에, 혹은 종교적 원인에 의하여 쇠망하였음을 적시해 준 것이라 하겠다.

로마의 흥망 로마는 지중해 세계를 하나의 통일로 형성하고, 라틴 말과 로마법을 가진 큰 로마 제국의 통일 국가를 만들어, 후세에 그 로마의 흥업의 영향이 깊고 넓었음은 다 아는 사실이다. 그러면 로마의 그와 같은 흥업의 원인은 무엇일까? 이에 대하여 외솔은 다음을 밝혔다.

- 자연 지리적 위치가 좋았음. 디벨강가에 자리하여, 교통교육에 유리. 해변의 염전은 큰 재원. 군사적인 지형적 유리성
- 군사 도로 교통 팔달
- 군사력의 우수성
- 엄한 가족 제도 : 조상 숭배와 그 명예 높임
- 독창성은 없으나 저보다 나은 것을 잘 이용
- 조직력, 통치력이 빼어남
- 공공심, 애국심이 강함

이렇듯 큰 로마 제국도 망하였으니, 그 원인은 어디에 있을까? 이에 대하여 외솔은 다음을 들었다.

- 급격한 부의 증가에 따른 말초적인 향락에의 극단적 탐닉
- 도덕의 퇴폐 : 지도자나 유산계급의 악덕, 난잡, 음탕, 문화력의 쇠약, 퇴폐가 부호 계급으로부터 하층 계급까지 스며듦
- 가족 제도 정신의 무너짐 : 가장의 절대권 제한, 혼인 관념의 해이, 이혼 예사, 귀족들의 많은 처첩, 상류 여성의 방종과 음탕 등에 따른 생산력 급속 저하
- 출생률의 내려감 : 결혼 생활의 어지러움, 향락생활의 지나침 등으로 신체적 연약과 아이 생산 줄어짐

- 군사력의 여려짐 : 상하를 막론하고, 국민정신이 풀어져, 심각한 내부적 투쟁만 일삼고, 의무로서의 병역을 못 채워, 고용병 제도를 세웠으나 각종 폐해가 생겼으니, 병정은 장교의 사병이요, 군복마저 입지 않는 병정은 체력과 군기가 말이 아님(258~272쪽)

로마의 흥륭은 그 시민의 건강성과 도덕의 우월성에 있었던 바, 그것들의 타락은 곧 영광의 로마 제국을 넘어뜨리고 만 것이다. 외솔은 여기에서 이를 밝히며, 우리에게 무엇을 시사하려 하는가는 불을 보듯 환하다.

몽고 제국의 흥망 몽고 높벌의 풀밭에서 일어나서, 약 반 세기 동안에 유럽과 아시아의 거의 전면을 차지하게 된 몽고 대제국의 발흥의 원인은 무엇인가? 이에 대하여 외솔은 다음을 든다.

- 몽고 겨레의 생활이 당시 전투에 가장 적합했음
- 징기스칸의 탁월한 재능
- 그 둘레의 형편이 유리했음 : 몽고를 둘러싼 여러 겨레 곧, 한 겨레도, 만주 겨레도 함께 퇴폐 무기력 상태였고, 유럽 모든 겨레는 아직 강력한 나라 조직을 갖지 못했을 뿐 아니라, 안으로 대립과 십자군 원정으로 불안과 동요의 가운데에 있었음

이 몽고의 제국이 갑자기 멸망한 원인은 무엇일까?

- 왕실 안의 분쟁 : 왕위 계승의 계속적인 내홍과 당쟁, 음

탕 방자가 극도에 달함

- 라마(교) 중의 발호 : 티벳(서장)에서 온 라마교 중의 특권과 부패
- 색목인의 중용 : 서장의 라마 중을 숭배하는 동시에, 서역인 이른바 색목인을 중용하매, 피정복자 한인 겨레의 광복심, 결속력을 돋구어 주는 기틀이 됨. 또한 피정복자인 한인의 문화를 이해하지 못한 것도 문제임(272~281쪽)

한양 조선의 흥망　외솔은 한양 조선의 창업의 원인이 무력 쿠데타에 의한 정권 획득이었으므로, 여기에서는 아무런 나라 흥망의 원인을 찾을 수 없다고 못 박았다. 그리고 그 쇠망의 원인만을 밝혔다.

- 사대주의의 해독이다 : 이는 개국으로부터 망국에 이르기까지 최대의 골수병임
- 고질적인 당파 싸움
- 문약 : 무는 낮추고, 문만을 높임으로써, 국민의 생기가 줄어지고 나라 힘이 쇠약해짐
- 양반의 전행
- 정치의 부패
- 재정의 문란
- 개성의 자유 발전을 금압하며, 인재의 남을 막음 : 학문에서 아무리 천재적 학설이라도, 중국인의 주장한 바가 아니면 용납하지 아니함. 조선의 문화는 땅꺼풀(지각)을 뚫고 나오자마자 쓸어진 문화요, 기껏했자, 색씨 문화, 이불속 문화, 시골 구석 문화에 지나지 못하고, 세계적 인류에게 혜택을 미치지 못함

- 백성이 무기력함 : 3백년 동안의 당쟁의 시달림, 외적의 침략, 갈수록 악정, 굴욕에 참음과 복종 도덕에 길들여짐 들에서 오는 국민 생기의 꺾임(282~294쪽)

이제까지 외솔이 밝힌 동서양의 나라의 흥망의 원인은 바로 우리의 현실을 스스로 인식하게 하면서, 우리가 해야 할 과제를 제시해 준다. 그 과제는 동서고금의 나라들의 흥망의 원인을 역사적 교훈으로 삼아, 영원한 우리나라의 발전을 꾀할 수 있는 열쇠로 안겨 주는 것이다. 이 열쇠가 바로 '나라사랑의 길'이다. 이 글의 외솔의 초점은 바로 여기에 있다.

이 초점에 맞추기 위하여, 외솔은 계속하여, 위에서 살핀 동서양의 흥망의 역사적 사실의 사례에서, 나라 흥망이 법칙을 이끌어 내고, 다음으로 우리 사회의 현실의 문제점을 살피어, 그 해결의 방법을 제시하며, 마지막으로 한배 나라(조국)에 대한 나라사랑을 강조한다. 이제 이를 다음에 계속하여 소개한다.

나라를 흥성하게 하는 법칙

위에서 살핀 동서양의 역사적 실례에서 이끌어 낼 수 있는 흥망의 법칙은 무엇일까? 외솔은 그 법칙을 다음과 같이 제시하였다.

첫째, 나라 흥성의 법칙

- 국민의 생기의 왕성
- 군사의 우수성
- 창조력, 문화 의욕이 왕성한 국민
- 조직력, 정치력이 센 겨레

- 일치 단결이 세찬 국민
- 부지런한 국민, 경제 관념이 착실하고, 경제적 기술을 소중히 하는 국민
- 성질이 검질긴 국민
- 유리한 땅을 차지한 겨레
- 도덕심이 굳건하고, 공공 정신이 센 국민

둘째, 나라 쇠망의 법칙
- 국민의 생기의 쇠약
- 무력 갖춤을 소홀히 하는 국민
- 창조력이 쇠진한 국민
- 조직력, 정치력이 빈약한 국민
- 분열만 일삼고 단결할 줄 모르는 국민
- 경제 관념이 약하고, 기술과 노동을 천시하고, 게으른 국민
- 조급하고 마음 약한 성질을 가진 국민
- 불리한 땅을 잡은 겨레(주의 : 모든 점에서 지리가 역사를 결정한다고 보는 결정론은 지나치니 주의할 것)
- 도덕적으로 부패한 국민(295~330쪽)

나라를 쇠망하게 하는 법칙

위에서 보면 흥성의 법칙의 부정적인 면이 바로 쇠망의 법칙이기도 하나, 이를 강조한다는 뜻에서 쇠망의 법칙을 다시 보이었다.

이들 법칙을 하나하나 훑어보는 과정에서 우리는 끊임없이 우리의 현실을 이에 조명하게 된다. 다시 말하면 우리의 현실을 이 법칙의 잣대로 재는 심리 과정이 계속 이어지는 것이다.

이적의 중대성

외솔은 과거보다 우리의 현재의 현상을 더 중시한다. 곧 외솔은 '현재의 중대성'을 강조한다. 그것은 과거의 공적도 중요하지만, 현재는 장래를 결정하는 힘이 되기 때문이다. 즉 과거는 미래에 연속하는 것이 아니요, 미래에 바로 있다는 것은 현재이니, 미래를 점치고 결정하는 힘은 곧 현재의 실제적 행위이기 때문이라는 것이다(331쪽).

그러면 우리의 현실은 어떠한가? 그리고 문제점은 무엇인가? 외솔은 우리의 현실적인 문제로 가장 핵심적인 것은 '거짓(허위)와 우악(폭력)'임을 들어, 강력하게 경고한다.

거짓(허위) 첫째, 우리의 사회는 각 방면으로 거짓이 들어찼다. 외솔은 당시의 이들의 사례를 지상이나, 발표 기관에 따라 객관적으로 나타난 것들은 다음과 같다(김석득, 앞의 책).

- 거짓 애국자가 많음
- 공무원의 거짓
- 교육자의 거짓
- 세무원의 거짓 : 정부와 납세 의무자 사이에서의 비행(탈세, 감세를 보아주고 보수를 챙김 등)
- 군인의 거짓 : 국방비, 외국 원조 물자의 비행 등
- 경찰의 거짓
- 금융 기관의 거짓 : 돈을 다루는 은행은 '거짓'의 온상 격임

둘째, 선거에서의 우악과 거짓이 민주주의의 우월성을 방해한

다. 그 사례는 다음과 같다.

- 5·15 정부통령 선거 때의 거짓과 우악.
- 8·13 지방 선거 때의 거짓과 우악.
- 9·16 진주 시장 선거의 부정 사건.

우악(폭력) 여기에서는 각종 폭력 사건의 사례를 들었다.

- 김창룡 중장 살해 사건
- 장 면 부통령 저격 사건
- 합천 선거 연설 쳐부순 사건
- 5·25 장충단 시국 강연회 방해 사건
- 재동 정치 강연회 중단 사건(331~379쪽)

거짓과 폭력의 해독 거짓과 우악은 갖은 사회적 죄악을 빚어내며, 민주주의의 발전을 숨막으며, 그 결과로 나라를 망치게 되는 것이라 하고, 이를 다음과 같이 제시하였다.

첫째, 사회적 죄악

- 공무원의 범죄 : 공무원들의 최저 생활이 유지되지 않는 데서 오는 온갖 죄악과 부패 타락의 빚어짐
- 일반 사회의 죄악상 : 절도, 강도, 강간, 살인, 소매치기, 사기, 횡령, 위조 판매, 권력자의 거짓 행사, 밀수 등
- 교육자의 범죄 : 교과서 대금 횡령, 교장의 학교 공금 횡령 등
- 학생의 범죄 : 살해 및 폭행, 병역법 위반, 공갈, 강도, 살인 등

둘째, 사회적 심리의 괴상함

- 꿍꿍이 제일주의 : 이른바 '사바사바'의 사회적 심리(정당함보다 비밀리에 꿍꿍이를 잘 해야 되는 것으로 믿는 사회 심리)
- 뒷받침 제일 : 이른바 유행어인 '빽'이 통한다는 사회 심리
- 가짜의 세상 : 속담에 "사내는 우산과 거짓말은 가져야 한다"는 말이 있거니와, 우산은 안 가져도 거짓말은 가져야 한다는 심리, 가짜가 많아 진짜는 인정되지 못한다는 심리

셋째, 여기에 인성에 대한 신뢰를 그 근본으로 하고, 거짓과 폭력의 부인을 근본으로 하는 민주주의는 발전할 수 없고, 쓰러질 수밖에 없으며, 여기에 나라의 기초는 흔들리게 마련이다(381~401쪽).

이와 같이 당시 우리 나라의 사회적 현상을 파악한 외솔은 그 퇴치 방법을 모색하게 된다.

거짓과 폭력의 퇴치 방법　그러면 이를 퇴치하는 방법은 무엇일까? 그런데 방법은 먼저 원인 규명에서 시작되었다.

첫째, 거짓과 폭력의 원인

- 36년간 일제의 기반 생활 : 일제 생활과 교육이 우리네의 심정을 거칠게 하며, 순진하고 진실하지 못하게 만들고, 화합 협동의 성격을 크게 손상함
- 8 · 15 해방 후의 혼란
- 6 · 25 동란

- 그릇된 정치 관념 : 정치를 힘의 논리로 보는 과오
- 공무원의 박봉 : 봉급이 개인의 교통비와 점심값에 불과.
- 민주주의의 미성숙 : 민주주의를 정치적 및 개인적으로 행사할 준비에 익지 못함

둘째, 거짓과 우악의 퇴치 방법

- 공무원의 처우 개선 : 적어도 가족의 최저 생활은 보장
- '공무원도'의 쇄신 : 분수에 안 맞는 공무원 수를 일부러 늘이지 말 일. 제 말은 관청의 재정의 풍족만을 꾀하는 폐단 없앰, 일보는 태도, 곧 사무보다 공무에 치중 할 일 등 관리도 쇄신
- 선거법의 개정 : 여당과 야당이 공동의 책임과 권한으로써 운영하여서, 거짓과 폭력이 없도록 선거법 개정
- 국법의 권위를 세워야 : 나라는 힘(독일 말로 나라는 '마하트 'Macht, 곧 힘의 뜻)이다. 나라의 힘은 두 가지이니, 하나는 바깥 힘인 병력이요, 또 하나는 안의 힘인 법이다. 그러므로 나라가 나라 노릇을 잘하려면 법의 권위를 세워야 함. 국회의원도, 공무원도, 사법관도 범법하면 상하를 묻지 않고 처벌되어야 함
- 국민 대중의 생계의 길을 주기 : 국민 대중에게 골고루 일 할 수 있는 직업을 주어야 함
- 올바른 교육, 특히 과학 기술의 교육, 근로 생산의 교육에 힘써야 함 : 사회에 아무리 죄악이 들어찼다 하더라도, 청소년 학도들이 건실하여, 좋은 열매를 맺을만 하면 우리는 장래의 소망을 품을 수 있다(401~433쪽).

생각하건대 외솔은 '거짓과 폭력'의 원인을 외환(외세의 침략)과 내우(동란)의 역사적 이유로 말미암은 정치적 혼란과 행정적

무질서, 그리고 이런 과정에서의 민주주의의 소화 능력 부족 등으로 본 것이다. 말하자면 외솔은 당시의 사회를 그러한 원인으로 말미암은 '중병 환자로 진단'한 것이라 하겠다. 따라서 이러한 환자의 치유 방법은 그 병의 원인을 제거하는 데 있다. 외솔이 내놓은 거짓과 폭력의 퇴치 방법이란 바로 그 '병의 치유 방법'이다. 이러한 외솔의 진단과 그 치유 방법의 논리는 정당하고 정확한 것이었다. 그리고 이것은 역사적 의의뿐 아니라 현대에 사는 우리에게 그대로 조명(적용)된다는 데서 기중한 현대적 의의를 찾을 수 있는 것이다.

재건과 발전

외솔은 말한다. 거짓과 폭력이 많기는 하지만, 썩지 않은, 올바른 일, 올바른 건설 사업 등도 많되, 다만 거짓과 폭력이 이상과 욕망을 만족치 못하게 한 것 뿐이라고. 그리하여 개선에 개선을 더하면 만족하게 될 줄로 믿는다고.

외솔에게는 절망이란 없다. 다만 소망과 이상이 있을 뿐이다. 그것은 외솔의 사상은 단지 나라사랑에 뿌리내리고 있기 때문이다.

여기에서 논의하려는 '재건과 발전'문제도 내재된 나라 사랑의 외표적 표현이다. 외솔은 우리나라가 이룩한 새로운 건설에 관하여 다음과 같이 베풀고 있다. 그런데 우리는 이 베풂 속에서 개선에 개선을 더하여 더욱 만족스러운 결과를 기다리는 외솔의 속마음을 읽을 수 있다.

농림업의 건설　한국은 농업국이다. 농업 총생산량이 국민

총 생산량에 대한 비율은 1953년도에는 47.8%, 1954년도에는 46.9%에 달한다. 이것은 한국이 농업국임을 보이는 절대적 비중이다. 따라서 농업, 임업, 양축의 사업을 추진 조장하여, 농업 생산의 증진을 꾀함은 한국 경제 재건과 산업 부흥의 핵심이 되는 것이다. 그리고 외솔은 우리 농업의 취약성을 다음과 같이 말하고 있다.

우리나라는 산이 많아 세농성을 띠어, 이것이 농사 방식의 개량 진보를 저해한다. 그리하여 농산물 가격은 생산 가격 이하로 떨어지는 불리점을 만들었다.

1949년 6월 20일, 농지 개혁법이 공포되고, 1950년 삼사월에 농지 개혁법 시행령과 그 시행 세칙이 발표되었으나, 대농은 줄고 세농은 늘었다. 그 뒤 토지 겸병의 경향이 나타나, 대농이 많이 나타나면서, 이농 현상이 나타나고, 이 이농화는 노동력을 흡수할 산업의 발달이 부족하여 실업자만 늘어났다. 그러나 농산물의 실수량은 대체로 증가하고 있다(농산물 생산 지수를 표로 보임 : 439~440쪽). 조림 사방 공사도 해마다 계획에 힘쓰고 있으나 남벌이 많다.

수산업의 건설 우리나라는 삼면이 바다이다. 길이가 본토와 섬들을 합하여, 9.325해리(17.586킬로미터)이다. 각종 해산물이 풍부하여, 수산업의 장래는 매우 유망하다. 1956년에 들어서는 어구의 도입, 국내 시설의 촉진, 더욱 원양 어구의 개척, 근해 어업 보호 등을 철저히 하고, 1953 회계 년도부터 1956 회계 년도까지의 외국 원조 자금은 수산 부흥 전반에 도움이 되었다(438~440쪽).

광업의 건설 우리나라는 석유를 빼고는 온갖 광물이 푸지다. 산업의 부흥과 병행하여, 그 동력원으로서 절대 수요량에 대한 광업의 확보는 연료 정책의 근원이 되어 있다(440~441쪽).

공업의 건설 우리나라의 고업은 악조건에도 불구하고, 적극적인 투자 확대책으로 인하여, 부문에 따라서는 현저한 증산을 보이고 있다. 1956년에는 섬유 공업, 기계 공업 들의 현저한 증산으로 183%의 생산 수준을 보이었다. 금속 공업, 기계 공업 들의 기초 생산재 부문의 괄목할만한 발전은 공업 구성의 개선에 큰 도움을 주었다. 곧 편중되었던 '경공업'에 대하여, '중화학 공업'의 현저한 발전을 가져 왔다. 공업 구성이 바로 잡혀 감과 더불어 UNKRA 및 ICA 자금에 의하여, 1957년에는 시멘트 공장 및 판초자 공장 등 '근간 산업 공장'의 건설이 착착 이루어졌다. 이에 병행하여 중소 기업체의 육성 문제가 최근에 크게 논의의 대상이 되어 있다. 1956년은 공업 생산 수준이 해방 후의 최고 수준을 기록한다. 그러나 아직도 국내 수요를 충족시키지 못하는 부문이 많다. 소금은 자작 자급하게 되었으며, 직물 제품은 해마다 증가하여, 해외 수출을 꾀하고 있다(441~443쪽).

전기업의 건설 우리 강산은 수력 전기의 원천이 풍부하기로 세계에서도 우수한 땅이다. 그런데 해방 후에는 수력 자원이 북한에 편재하게 되자, 형편은 급전하여, 산업 발전은 극도로 제약되고, 국민 경제 성장에 큰 장애를 주었다.

남한의 전력정책의 주요 문제는 남한 안의 전원 개발, 특히 수력 발전의 계획이다. 6·25 동란으로 시설에 혹심한 손해를 보았으나, 복구하여, 1956년에는 순전히 국내 발전 시설만으로 127,000kw의 평균 출력을 발휘했고, 그 해 말에는 16만kw에 육박하였다. 그러나 절대 수요량에는 4만kw가 부족하다. 수력 전원의 개발은 우리 나라 전력 정책의 근본스런 과제이다(443~444쪽).

운송업의 건설 우리나라 교통사업은 해방 직후의 혼란기와 6·25 동란의 전시 운송 시기를 거쳐, 점차 그 체계의 확립 시기로 들어갔다. 1956년 말에 현재로 보면, 시설 확충도 활발했다.

철도사업은 복구 수리와 더불어, 사대 산업선(문경선, 영암선, 영월선, 함백선)의 신설 개통을 보게 됨으로써, 현저한 발전을 보았다.

동란의 피해가 막심한 해운업은 ICA 및 UNKRA의 원조로써 피해 복구와 더불어, 시설의 신설 확충도 활발히 나아가고 있다(444~447쪽).

교육의 건설 6·25 동란에는 '한대 교육'(노천 교실), 천막 교실, 판자 교실, 임시 가교사들을 지어서, 학교를 계속 재건하여, 서울 수복 후에도 가교사를 계속 경영하면서 교육 재건에 힘썼다. 의무 교육인 국민학교는 1955년부터 국고 부담으로써 7,500 교실 건축을 계획하여, 이를 그 해 말에 완성하였다. 중학교는 공사립 합하여, 1956년 말에는 학교 수가 999교이고, 고등학교는 공사립 합하여, 592교이다. 대학교의 수는 대학교, 대학, 초급대학을 합하여, 74개 교이다. 일제 말기에 비하여, 이와 같이 학교교육의 재건 부흥이 일어난 것은, 유엔 및 미국의 구제 재건 부흥의 원조에 힘입은 바 큼은 더 말할 것 없지만 우리 한국인의 교육열, 재건열의 주체가 왕성함을 나타내는 것임에 틀림없다(외솔은 구한국 말기, 일제의 말기, 해방 이후의 3기로 나누어, 초등학교, 중학교, 고등학교, 대학교의 통계표를 보이었다(449~451쪽).).

외국에서의 원조 외솔은 6·25 이후의 많은 재건, 부흥, 발전의 사업이 이룩되었음을 들어, 우리나라에도 부패, 파괴의 깜깜한 반쪽만 있는 것이 아니라, 환한 반쪽이 있음을 밝히었다.

그러나 우리의 이와 같은 환한 건설이 우리들의 독력으로 된 것이 아니요, 그 대부분이 자유 세계의 여러 우방 특히 미국의 크나큰 원조의 덕택에 기댄 것이라고 외솔은 말한다. 그리고 1945년 8·15 해방 이래 1956년 12월말까지에 이르는 약 11개년 반에 걸쳐, 미국 및 국제 연합에 기댄 각종 원조 총 17억 6천 1백만 딸라 이상에 대한 내역을 자세히 설명한다. 그리고 부문에 따른 원조 도입 실적과 연간 원조 도입 개황을 설명과 더불어 명세표로 제시하였다(452~461쪽).

외솔은 "재건과 발전"의 부분에서 우리가 어두운 면만 가지고 있는 것이 아니라 밝은 면도 있다는 긍정적인 면을 현대사적 사실에서 밝혀 민족에게 소망과 이상을 심어 주려는 속 깊은 의도가 깔려 있음을 외솔은 "과거는 현재에 이어지고, 현재는 미래를 일궈내는 힘"이라는 논리로 말하였다.

한배나라의 사랑

외솔은 이 책의 마지막 부분에서 한배나라의 사랑을 강조한다. 한배나라란 단군을 조상으로 하는 배달 겨레를 말한다. 외솔은 이 부분을 세 조각으로 나누어 나라사랑을 강조한다. "한배나라를 사랑하자"와 "나라사랑의 길"과 "청년이여, 어리석은 이가 되라"가 그것이다.

한배나라를 사랑하자 한배나라는 오직 하나인 내나라. 우리 배달 겨레는 그 동안 서에서, 혹은 북에서, 혹은 동에서 침노를 받음이 한두 번이 아니다. 그러나 끈기있는 항쟁으로 이를 물리쳐 사천여년간의 독립을 유지하여 왔다. 그러나 이제 일제의 굴레마저 풀려났으나, 나라 땅은 두 쪽이 났고, 국민 특히 정치인, 공무원의 도덕적 타락, 이기심의 발호, 도리의 멸시로 가지가지의 부패 현상 앞에서, 나라 걱정의 충정을 가진 사람들은 한탄과 통분과 눈물을 금할 수 없게 한다. 그렇지만 이 삼천리 땅, 역사의 나라는 좋아도 나빠도 분명히 내 나라이다. 우리는 나라가 소중함을 철저히 인식하고, 오직 하나인 내 나라를 사랑하자(462~464쪽)고 외솔은 말한다.

반성과 회오 오늘날 국민들은 나라의 소중함의 관념이 강렬하지 않은 것 같다. 그리고 부패 사회악은 두말할 것도 없고, 우방의 흥성과 계속적인 호의에만 안심한다. 날카로운 반성과 굳센 각오로써 나라를 지키고 수호해야 하지 않겠는가? 말과 소에는 독립과 자유가 없듯이, 자각과 창조가 없는 사람에게는 독립과 자유는 없는 것이다. 오늘의 불건전한 나라를 바로 잡아 건전한 나라를 만들려면, 모름지기 철저한 반성과 회오가 있어야 한다(464~466쪽)고 외솔은 한탄한다.

정신적 부활 로마 제국은 도덕적 타락으로 멸망하고 말았다. 이 역사적 교훈과 함께, "깨끗한 생활이 건강의 근원"임을 외솔은 나라 건강의 상징적 표현으로 내 건다. 그리고 개인이 건강을 원하거든, 모름지기 물질적으로 정신적으로 깨끗한 생활을 하여야 하며, 국민이 자유와 행복을 영원히 누리기를 원하거든, 물질 생활에서도 정신 생활에서도 깨끗함을 지녀야 한다고 주장한다. 그러면 국민의 정신적 도덕적 부활의 요령은 어떠한 것일까? 외솔은 다음을 제시한다.

- 진실과 순리의 생활을 할 것
- 독립 자존의 생활을 할 것
- 부지런하고 검박한 생활을 할 것
- 사랑과 섬김의 생활을 할 것
- 화합 협동의 정신을 발휘할 것
- 겨레 정신을 살릴 것(화랑도 정신의 부활, 삼일정신의 부활)
- 자유 중국의 유형 무형의 발전의 본보기(466~489쪽)

주권을 존중하자 – 진정한 민주주의를 실천하자 나라사랑은 먼저 백성을 사랑하고, 나라 땅을 사랑함으로써 그 주권을 옹호 존중함에 있다. 그리하려면 어떻게 할 것인가? 외솔은 답한다.

- 바깥 도적(외국 외적)을 방위하라.
- 나라 안에서의 국권 존중을 하자 : 공명한 선거
- 국민의 책임과 소망 : 우리의 소망은 독립 자유 발전과 국민 대중의 행복이다. 이를 위하여 민주주의의 책임있는 국민은 양심과 총명을 잃지 않고, 국민의 기본적인 주권 행사를 올바르게 하라(489~497쪽).

사랑하면 좋아진다 나라에 대한 사랑의 정과 사랑의 의무감을 환기하라. 그러면 살기 좋은 나라가 될 것이다. 외솔은 이에 대하여 스위스의 예를 들었다. 저들은 천연적으로 시원치 못한 땅을 저렇게 인공으로 아름답게 다듬고, 꾸며서 세계적 공원을 만들어서 세계 곳곳의 유람객을 불러들인다. 이렇게 할 수 있는 밑바탕에는 나라사랑의 정신이 깔려 있기 때문이다(497~504쪽)라고 말하였다.

나라사랑의 길

외솔은 나라사랑의 길의 합리성을 위하여, '인생의 목적'에서부터 펴나가기 시작한다.

외솔은 인생의 목적을 '행복'과 '자유'의 추구라고 한다. 이러한 사실은 아리스토텔레스나 플라톤의 "사람은 행복을 구하는 것이다"라는 지론과, 프랑스 혁명의 주요 사상의 하나인 "우리에게 자유를 달라, 그렇지 않으면 죽음을 달라"(뉴욕의 '자유의 여신상'에 새겨 있는 말)에서도 볼 수 있다.

그러면 '행복의 근원'과 '자유의 근원'은 무엇일까? 외솔은 '행복의 근원'은 정신적인 푸짐에서 구할 수 있다. 다시 말하면 사람은 물질에만 사로잡히지 않고, 지혜스러운 눈을 높이 떠서, 과학의 진리, 도덕의 착함, 예술의 아름다움, 종교의 거룩함의 정신적 가치를 이해하여, 이를 소유함에 있어서, 비로소 사람다운 높고 큰 행복을 느끼게 된다는 것이다라고 말하였다.

'자유의 근원'은 프란시스 베이컨이 말한 "알음(지식)이 힘이다"라고 함 같이 정신적 지식의 푸짐은 높은 자유의 근원이 된다는 것이다. 그러므로 사람의 사회에서 가장 나쁜 것은 '무식과 가난'이라고 한다. 외솔은 이에 대하여 다음과 같이 어어간다.

이러한 무식과 가난을 없이 함에는 어떤 조직적 방법이 필요하니, 그 조직은 바로 '나라'이다. 다시 말하면 나라는 사람 사회에서 가장 오래, 가장 힘 있는 조직적 존재이다. 나라 없이는 도저히 대중의 무식과 가난을 없이 할 수 없다. 우리 겨레가 나라 잃은 적(과거 36년간)의 망국민으로 지나던 일을 생각해 보라. 독일의 철학자인 헤겔이 나라는 이 세상에서 "가장 좋은 것"(hochstes Gut, 최고선)이라고 한 말을 이해할 것이다.

그러므로 이렇듯 귀중한 나라를 잘 기르지 않으면 안된다. '나라사랑'은 모든 사람에게 두루 요구되는 절대의 명령이다. 그러면 나라사랑의 참된 길은 어떠한가? 논어의 첫머리에서 공자는 "배워서 때로 익히면, 또한 즐겁지 아니하냐?"라고 했는데, 이는 배움 곧 지식을 얻음이 정신적 행복의 근원이 됨을 말한 것이다.

이를 국민의 위에다가 옮겨 보면, 그것은 곧 나라사랑의 길이 된다. 다시 말하면 국민의 지식을 계발시킴은 곧 국민을 행복하게 만드는 것이니, 이것이 바로 그 나라를 사랑하는 길이 되는 것이다. 다시 말하면 나라사랑의 길은 그 국민 전체의 지식을 증진시키는 일이다. 또한 맹자는 양혜왕과의 대화에서, "백성으로 하여금 살음(생)을 기르고, 죽음을 초상하기에 유감이 없게 함이니, 살음을 기르고 죽음을 초상하기에 유감없음은 곧 왕도의 처음이니이다"라고 하였는데, 이는 가난을 없이 함이 행복과 나라 번영의 시작이 됨을 풀이한 것이다.

이상은 외솔이 공자의 '무식 없애기론'이 행복의 근원됨을 말한 것이요, 맹자의 '가난 없애기론'이 행복과 나라 번영의 시작이 됨을 말한 것으로, 나라사랑의 길은 국민 지식의 증진과, 국민의 가난 없애기에 있다고 확신한 것이다.

외솔은 나라를 가질 만한 국민이 되기 위해서는 만사에 이기심을 버려야 한다고 강조한다. 외솔은 이기심의 해독에 대하여, 독일의 나라사랑의 철학자 피히테의 "독일 국민에게 이른다"에서 인용한다.

> "이기심은 처음에는 그 주인을 살찌게 하다가, 다음에는 이기심은 이기심을 먹다가, 맨 나중에는 이기심은 그만 그 이기심의 소유자 자체를 먹어 버린다."

외솔은 이 '나라사랑의 길'의 조각에서 '남의 나라사랑의 이야기'와 '가지가지의 사랑'을 사례로 들면서, 결국 나라사랑의 길은 반드시 위급 존망의 단대목에만 있는 것이 아니라, 평범하고 심상한 나날의 생활에 있는 줄을 깊이 깨쳐야 한다고 강조한다. 이는 우리가 귀담아 들어야 할 '평범의 위대성'이라 하겠다(505~531쪽).

청년에게 하소한다 – 청년이여, 어리석은 이가 되라

이 글에서 외솔은 청년에게 "어리석은 이가 되라"고 간곡히 이르고 있다. 이는 마치 피히테의 "독일 국민에게 이른다"와 같은 성격을 띤다.

외솔은 먼저 청년의 지식 추구를 강조하여, 이 지식 추구는 마치 모든 생물이 밝음을 구하는 성질과 같다고 말한다. 곧 "모든 생물은 어두움 속에서 밝음을 찾는 경향이 있다. 사람도 어두움을 깨고 밝음을 구하는 성질(지성)이 있으니, 나면서 알려하고 배우기를 힘써하는 것은 그러한 성질의 발로이다. 청년들이 지식을 구하는 것도 그 밝음을 좋아하는 성질의 한 발로이다."라고 말한다. 그리고 사회의 건전한 발전과 국민의 항구한 행복은 배운 식자나 지식인의 심지여하에 달렸다고 한다.

그러면 우리 나라의 현재의 정신과 태도는 어떠한가?라고 스스로 묻고, 이에 다음과 같이 답한다. "오늘날 우리 사회의 지식인들의 마음 그릇이 매우 작고 얕은 듯하다. 학자는 더 정진을 꾀하지 않고, 그 지식으로 만족하고, 기술자는 대번에 일류 기술자로 자처하며, 정치인은 조석으로 그 생각을 바꾸니, 오늘은 이 정당, 내일은 저 정당으로 변화무쌍하고, 정부는 조령모개식 행정을 한다. 장사는 밤낮 탈세를 꾀하고, 모든 사람은 사복을 채운다." 이와 같이 오늘의 현상을 분석한 외솔은 약고, 꾀 많고, 재주 많고, 약은 슬기 많은 사람으로 들어찬 현실을 한탄한다.

그러면서 외솔은 다음과 같이 청년들에게 희망을 건다. "그러나 우리나라의 현실이 아무리 썩고, 어지럽고, 기막히게 답답하더라도, 도로 찾은 나라의 장래에 대한 소망을 내버릴 수는 없다. 혼탁한 세상을 맑고 깨끗하게 하며, 어지러운 사회를 바로 잡는 사람은 바로 겨레의 청년들이다"라고. 이는 청년이야말로 세상의 독소에 물들지 아니하고, 이상과 꿈과 의리와 정열과 용기가 있기 때문이라는 것이다.

이러한 청년들에게 외솔은 다음과 같이 간곡히 이른다. "청년들이여! 그네들의 무겁고도 영광스러운 사명을 다하기 바라노니, 마땅히 양심의 불을 밝히고, 모든 불의를 꺾고, 온갖 유혹을 이겨내라. 세상의 명예와 이익을 탐하지 말고, 지위와 권세에 아첨할 줄 모르는 사람, 꽈배기가 아닌 참을성과 믿음성이 많은 어리석은 청년이 되어주기를 바란다"고.

외솔은 '참어리석음'을 이해시키기 위하여, 백이 숙제나 성 삼문과 같이 일편단심 죽음을 피하지 않는 역사적인 인물을 소개하기도 한다. 또한 사람의 값을 최고로 발휘한 사람들, 뉴튼, 갈릴레이, 루터, 콜럼버스, 청교도, 이순신, 소크라테스, 링컨, 간디, 공자, 석가모니, 그리고 예수와 같은 이들도 일종의 어리석은 이들이었음을 소개한다.

그리고 오늘의 우리나라는 어리석은 사람이 적다 하고, 간 데마다 잘난이, 재줏군, 꾀 많은 이, 지나치게 영리한 이로 들어찼으며, 개인주의, 이기주의, 방편주의, 현실주의, 당면주의가 그 생활철학이라 하면서, 이러한 데(어리석음이 없는 데)에서는 나라의 발전은 기대할 수 없다고 단언한다. 그리고 청년들에게 참어리석은 사람이 되라고 역설하면서, 다음과 같이 말하였다.

> "불은 어두움을 쫓고, 소금은 썩음을 막느니, 그대들은 불과 소금이 되어 암흑한 이 나라를 밝히고, 썩어 가는 이 사회를 깨끗이 하라. 오늘의 한배나라는 촛불로 타는 청년을 부르며, 소금으로 짠 젊은이를 기다린다(550쪽)."

생각해 보면, 외솔의 〈나라사랑의 길〉에서는 고금 동서양의 철학, 사회학, 심리학, 그리고 사상사 등 모든 학문의 근간을 섭렵하고 있다. 우리나라에는 허다한 읽을거리가 많지만, 많은 이들이 오늘날에도 절실히 함께 호흡할 수 있는 이 책을 꼭 읽어 주었으면 하는 마음 간절하다(김석득, 2000, 외솔 최현배의 학문과 사상).

3. 맺음말

〈조선 민족 갱생의 도(1926)〉가 나라 잃은 슬픔을 달래며, 겨레가 다시 살아날 길을 찾기 위하여 씌어진 것이라면, 〈나라 사랑의 길〉은 도로 찾은 나라의 무궁한 발전을 염원하는 뜻으로 쓰인 점이 다르다고 하겠으나, 두 책의 밑바탕을 흐르는 외솔의 나라 사랑의 뜨거운 정성은 언제나 한결같다고 아니할 수 없다.

그런 의미에서 홍이섭이 말한 바와 같이 "1926년에 쓴 〈조선 민족 갱생의 도〉는 다시 1945년 이후 1958년에 이르는 사이에 〈나라 사랑의 길〉로 확대 전개되었다(나라사랑, 1집, 67쪽)"고 할 수 있다. 그리하여 홍이섭은 이 두 책의 구조가 서로 비슷함을 다음과 같은 표로 보인 바이다(앞든 책, 67~68쪽).

세 나라의 민주주의적인 발전을 염원하여 쓴 〈나라 사랑의 길〉에서 외솔은 민주주의의 본질과 그 실제를 다음의 세 가지 점에서 풀이하였다.

첫째로, 민주주의는 겨레 또는 국민의 각자의 평등한 권리를 주장한다.

둘째로, 민주주의는 각 개인의 자유를 존중한다.

셋째로, 민주주의는 사람의 본성에 대한 신뢰를 가진다(나라

사랑의 길, 46~76쪽).

조선 민족 갱생의 도	나라 사랑의 길
Ⅰ. 민족적 질병의 진찰 (식민지하의 민족적 병폐)	
Ⅱ. 민족적 쇠약증의 원인 (이씨 조선시대 구폐의 역사적 비판)	넷째, 우리 나라는 어떠한 나라인가? 다섯째, 배달 겨레는 어떠한 겨레인가? 여섯째, 나라 흥망의 원리 (민족 흥망의 역사적 비판) Ⅱ. 민족적 쇠약증의 원인의 '역사적 이해와 전개'로 Ⅲ의 4. 조선 민족의 특질 Ⅳ의 7. 민족 고유의 문화의 발양과 관련
Ⅲ. 민족 갱생의 원리	첫째, 나라 사랑이란 어떠한 것인가? 둘째, 민주주의와 나라 사랑 Ⅲ. 민족적 갱생의 원리의 전개
Ⅳ. 민족적 갱생의 노력 Ⅲ의 민족 갱생의 원리에 대한 실천의 방안	셋째, 나라 사랑의 마음을 기르는 법 Ⅳ. 민족적 갱생의 원리에 해당 여덟째, 재건과 발전 (해방 후 현실에서의 전개) 일곱째, 거짓과 우악 해방 후 정치 현실에서 비민주주의적인 사례, 부패, 부정의 비판 Ⅰ의 식민지하의 민족 병폐의 비판을 해방 후 정치에서, 둘째 민주주의와 나라 사랑의 원리에서 전개.
결론 : '갱생'에서 '나라사랑'으로의 결론으로 제시된 아홉째 한배 나라의 사랑	

이는 그가 「민주주의와 국민 도덕(1953)」에서 민주주의의 근본 정신을 1) 사람은 가장 귀하다. 2) 사람은 다 평등하다. 3)

사람은 다 형제이다라고 요약한 것과 견주어 볼 때, 다르게 표현된 것임을 알 수 있다. 그러나 민주주의의 해석을 달리한 것이라고는 할 수 없고, 다만 민주주의를 나라 사랑과 연결시켜 생각한 것이라고 본다.

민주주의의 본질을 1) 평등한 권리, 2) 타고난 자유, 3) 사람의 본성에 대한 신뢰의 세 가지로 풀이한 외솔은 민주주의적인 나라 사랑의 길을 ① 사랑과 섬김, ② 협력, ③ 독립 정신과 책임감, ④ 너그러움, ⑤ 미래에 대한 소망, ⑥ 평범한 일에 충성 다하기에 있다고 하였는데, 이 같은 민주주의의 구현 방법은 〈민주주의와 국민 도덕〉에서 지적한 민주주의의 열두 가지 덕목과 같으나 그 중에서 평화, 규율, 공명, 정직, 창의가 빠진 것이다.

외솔이 〈조선 민족 갱생의 도〉에서 민족적 질병을 진단한 것과는 달리, 〈나라 사랑의 길〉에서는 우리 겨레가 본디는 빛나는 역사와 우수한 소질을 가졌음에도 불구하고, 오늘날의 국민정신이 일그러진 탓으로 나라가 혼란과 침체에 빠졌다고 말하면서, 나라를 흥성하게 하는 방법을 다음과 같은 원칙에서 찾아야 한다고 하였다.

- 국민의 생기가 왕성한 나라는 흥성한다.
- 군사적 우수성을 가진 겨레가 나라를 크게 일으킨다.
- 창조적 문화 이용이 왕성한 국민의 나라는 흥한다.
- 조직력, 정치력이 센 겨레는 나라의 흥륭을 가져온다.
- 일치 단결력이 세찬 국민은 일어난다.
- 부지런한 국민은 일어난다. 경제 관념이 착실하고, 경제적 기술을 소중히 하는 국민은 흥성한다.
- 그 성질이 검질긴 국민은 흥한다.

- 유리한 땅을 차지한 겨레는 흥한다.
- 도덕심이 굳건하고 공공 정신이 센 국민은 흥성한다(나라 사랑의 길, 294 ~313쪽).

이러한 나라 흥성의 원칙의 첫째로 든 국민의 생기가 왕성하여야 한다는 것은 외솔이 〈조선 민족 갱생의 도〉에서 민족적 생기를 되찾아 일으켜야 한다고 한 말의 되풀이인 것이며, 이로 미루어 외솔은 언제나 민족적 생기를 진작시키는 일을 으뜸으로 강조하여 왔다는 것을 알 수 있다.

외솔은 그의 저술에서 늘 교육의 중요성을 강조하고 있는데 그가 강조하는 교육은 사람을 사람답게 하는 인간 교육이었고, 그러한 교육에서는 도덕 교육이 중요시 되어야 한다는 것이었다. 그리하여 〈나라 사랑의 길〉에서도 정신적 부활을 위하여 국민 각자가 지켜야 할 덕목으로서 다음과 같은 점들을 강조하고 있다.

- 진실과 순리의 생활 : 거짓말을 하지 말라, 우악을 부리지 말라.
- 독립 자존의 생활 : 의뢰심을 버려라.
- 부지런하고 검박한 생활 : 근로, 검박, 절약, 저축의 생활
- 사랑과 섬김의 생활 : 편협하고 무도리한 이기심의 멍에를 벗어 버리고, 이웃을 사랑하고 겨레를 사랑하는 섬김의 생활로 들어가라.
- 화합 협동의 정신을 발휘하라.
- 겨레 정신을 살리자 : 화랑도정신의 부활, 삼일정신의 부활(나라 사랑의 길, 470~480쪽)

이러한 덕목들을 외솔이 이 책에 앞서 쓴 책들에서 강조한 덕목들과 비교하여 보면 다음과 같다.

외솔은 〈나라 사랑의 길〉에서 학교교육의 한계에 언급하여, 나라 사랑의 마음을 기르는 것을 오로지 학교 교육에만 기대하는 것은 매우 옳지 못한 일이라고 하였다. 그리하여 만약 자연적 환경 및 자연적 현상이 사람의 심정에 사랑의 정을 자아내기에 배치되는 것이 있을 것 같으면, 그러한 학교 교육은 공연히 교육자에게 수고만 끼치는 것이 될 뿐, 아무런 실효를 거둘 수 없는 것이라고 하였다.

민족 갱생(1926)	국민 도덕(1953)	나라 사랑(1958)
신실하기	정직	진리 · 순리
신의를 지키기	-	-
용기 많기	-	-
독립 자존	자립	독립 자존
사회적 의무 수행	책임이행	-
부지런하기	근로역작	근로 · 검박
-	애정과 봉사	사랑과 섬김
-	협력	화합 · 협동
-	관용	-
-	평화	-
-	규율	-
-	공정	-
-	창의	-
-	소망	-

여기서 자연적 환경 및 자연적 현상이란, 제 나라의 풍토, 경치, 고적, 풍속, 습관, 문화에 친숙하게 하는 일들과, 민복을 꾀

하고, 자유를 보장하며, 국민의 생기를 왕성히 하고, 이상을 높이게 하는 일들을 말하는 것인데, 그러한 일들은 학교 교육에만 기대할 수가 없다는 것이다. 그리하여 생활이 교육한다는 진리를 잡아, 이로써 나라 사랑의 마음을 기르는 법을 삼아야 한다고 하였다.

이러한 외솔의 생각은 지식 위주의 교육을 일삼을 것이 아니라, 생활을 통하여 인격을 도야하는 교육이 아울러 고려되어야 한다는 것으로, 외솔이 주장하여 온 인간교육이 나라사랑이라는 목표를 향하여 폭이 넓게 전개되어야 할 것임을 말하는 것이라 하겠다.

제 5 장

나라 건지는 교육

1. 나라 건지는 교육(1963년)을 쓰게 된 동기와 목적

외솔은 나라의 어려운 고비마다 나라사랑의 충정으로 나라사랑의 이론서를 지었다. 일본 유학의 학업을 마치면서 〈조선 민족 갱생의 도〉를 지어 우리 겨레의 굴레를 벗어 버리고, 되살아날 것을 외쳤고, 광복된 조국이 이승만 정권의 부패로 파멸의 구렁이로 떨어져 감을 보고는 〈나라사랑의 길〉을 지어, 온 국민의 참된 각성을 외쳤다. 그러나 자유당 상하 간부들의 '거짓'과 '폭력'의 썩은 정치가 갈수록 심함이 1960년에 이르러 극에 달하여, 교육마저 썩어 버리게 되었다.

여기에 외솔은 붓을 들어 나라 건지는 교육을 역설한 논문을 썼다. 이 글이 끝나자 일어난 3·15 부정선거는 북새통을 이루고, 4·19 혁명 뒤 교육에까지 미친 부패는 도를 지나쳤다. 5·16 혁명으로 개선의 희망이 보이긴 했으나, 사람의 잊어버리는 관성을 우려하여, 이에 전날의 썩은 교육계, 잘못된 교육관을 폭로 비판한 앞의 논문을 〈나라 건지는 교육〉이라는 책으로 엮어 낸 것이다. 이것은 이 책이 나오게 된 동기이다.

〈조선 민족 갱생의 도〉로부터 〈나라 건지는 교육〉에 이르기까지 그 시간적 간격이 크고, 또한 같은 공간에서 벌어지는 사정에 각각 다름이 있으니, 무기력한 역사적 현장에 뻗쳐 오는 외침(외국 침략)의 마수 앞에 가물거리는 나라의 운명, 나라 안의 모든 방면의 부패와 혼란에서 오는 나라의 미래의 어두운 운명이 그것이다.

외솔이 이 과정과 현상에서 느끼는 일관된 판단은 겨레 쇠망의 걱정 그것이고, 그것이 나라 되살리기, 참된 각성, 참된 교육의 외침으로 나타나되, 외침의 밑바탕에 흐르고 있는 일관된 사상은 '나라사랑' 그것이었다. 그러므로 「나라 건지는 교육」의 근본 사상은 역시 나라사랑이다(김석득, 2000, 외솔 최현배의 학문과 사상, 412쪽).

2. 나라 건지는 교육의 내용

이 책의 내용은 크게 다음과 같이 짜여 있다(김석득, 앞의 책).

첫째, 매 나라 건지는 교육
둘째, 매 진학 문제에 관하여
셋째, 매 여러 가지
넷째, 매 페스탈로치의 교육사상

이몸이 죽어가서 무엇이 될고 하니 봉래산
제일봉에 낙락장송 되었다가 백설이 만건곤
할제 독야 청청하리라

을사 춘삼월　외솔 [illegible]

나라 건지기와 교육

나라를 건진다는 말은 나라가 잘못 구렁에 빠져 있다는 것을 전제한 것이다. 나라가 어떻게 빠져 있는가? 외솔은 오늘날 나라 안에는 비민주적 기운이 꽉 차 있음을 확인한다.

형법을 제 형편에 맞도록 제멋대로 뜯어 고치고, 입법부 자신이 위법을 자행하고, 공무원의 부패, 극도의 사회의 혼탁, 인륜 도덕 타락, 인심 악화, 거짓과 폭력들, 한국은 '모래 위의 집'은 커녕 '거짓의 집', '신기루'라고 보는 것이 외솔의 현실에 대한 상징적 판단이다. 그러면 이러한 위기를 벗어나게 하는 방책은 무엇일까? 외솔은 그것은 '교육의 혁신'이라고 역설한다(나라 건지는 교육, 9~15쪽).

아래에 계속되는 것은 모두 외솔의 '교육혁신책'이다.

생활 능력의 교육, 근로 생산의 교육

인문학교 대 실업학교의 비율을 3 : 7로 해 놓고는 있으나, 실상은 그 반대라고 한다. 외솔은 이는 곧 실업계의 부진을 뜻하는 것이라고 풀이한다. 그러면 그 부진의 원인은 무엇일까? 이에 대하여 외솔은 다음과 같이 답한다.

- 관존 민비의 봉건 관념
- 기술 경시의 낡은 풍습
- 실 사회의 기술 졸업자 수용의 역량 부족
- 실업 교육 자체의 내용 부실 - 유능 교사 부족
- 인문계 대학의 입학이 쉬워 병역을 쉽게 기피할 수 있다.

이러한 결과는 교육의 실패를 뜻하는데, 그러면 이를 바로잡을 방법은 없는가? 이 바로 잡는 방법에 대하여, 외솔은 다음을 제시하다.

- 근로 역작하는 생산인이 잘 살도록 해 주어야 한다. 곧 사람의 재욕, 권리욕을 충족시키는 정치, 의술, 상업 계통의 사람들보다도 생산인이 잘 살도록 정치가 시행되어야 한다.
- 기술 가진 사람을 우대하여야 한다.
- 기술인을 채용하는 사업이 발달해야 한다.
- 기술학교 교사를 훈련시켜야 한다.
- 실험 실습 시설을 정비해야 한다.
- 농장 공장 등의 운영비를 보조해야 한다.
- 교육 과정의 재고려.
- 생산에 대한 기쁨과 자랑을 기리도록 한다.
- 노작을 통한 슬기와 사고 등 지적인 면의 계발이 되도록 해야 한다.

(이상, 윗책 16~28쪽, 아래, '쪽'만 씀)

외솔이 우리나라의 교육의 역점을 생활 능력의 교육과 근로 생산의 교육 등 우리의 직접적인 삶에 대한 교육에 두고 있다는 것이 그것이다. 그러므로 외솔은 이들 교육이 잘 이루어지도록 여러 가지 힘껏 도와주는 방법을 여러모로 제시할 수 있었던 것이다.

화합 협동인을 길러내는 교육

여기서 교육은 분열 경쟁의 이기주의 교육 목표를 지양해야 하며, 서로 화합하고 협동하는 교육을 목표로 삼아야 한다고 외솔은 말한다(29~40쪽).

이기주의 교육의 피해

외솔은 오늘(당시)의 교육의 모든 분야에서 이기주의에 탐익하고 있는 현장을 고발하고, 그 이기주의 교육의 피해를 논한다. 먼저, 경쟁을 일삼는 교육을 경고한다. 곧 경쟁으로써 유일의 방법을 삼는 교육은 일신 양명의 출세주의와 황금 숭배의 이기주의를 그 최후의 목표로 삼는 교육이기 때문이라는 것이다. 이에 대한 외솔의 논리는 다음과 같다.

> "경쟁을 일삼는 교육은 이길내기(승리주의) 교육이요, 이볼내기(이득주의)의 교육이다. 이기고자 다투는 목적은 제가 이보고자 하는 것이요, 제가 출세하고자 하는 것이다. 이기기와 이보기와는 부자간이요, 입신양명의 출세주의와 황금 숭배의 이기주의와는 형제간이다."

결국 경쟁을 일삼는 교육은 이기주의에 빠지고 만다는 것이다. 그런데 우리의 교육의 현장은 어떠한가? 이에 대하여 외솔은 다음과 같이 파헤친다.

학교 경쟁자나 학교 교사(초, 중, 대학)들의 심정은 교육의 본질과는 딴판으로 경쟁과 함께 이기에만 몰두한다. 오늘의 교육사업은 차라리 제 스스로의 이득을 꾀하는 데에 그 목적이 있는 것으로 해석된다. 학교를 '기업체'라 하며, '대학의 기업화'라는 것이 그것이다.

초등학교는 학생을 팔고, 중학교는 학생을 한다. 학년말이 되면, 담임선생의 요정으로의 청하기, 사례금 받기, 잡부금 몰래 받기, 선생의 후생사업으로 과외 공부하기 등의 비리가 횡횡한다.

교장은 채용 교원의 두 달치 봉급을 바치게 하기, 교원의 승진, 전근, 교감 교장의 신임이 거의 일정한 시세로써 행하기 등이 예사이다.

대학에서는 학생 모집 광고에 약광고 이상의 유인 조건을 내걸기, 정원의 몇 배로 학생 받기, 대학 교수의 다대학 출강하기, 강의 시간 적당히 하기, 학생들의 뒷좌석에 앉아 종강 소리지르기 등은 그 선생에 그 학생이라 할 것이다.

이처럼 태반이 썩어 빠진 교육계를 파헤치면서, 외솔은 이 썩어빠짐을 '이기주의'의 소산으로 보고 있다(40~45쪽). 여기에 외솔은 피히테(독일의 철학자요 애국자)가 "독일 국민에게 이른다"의 글에서 한 말을 빌어 이기주의의 폐해를 경고한다.

> "이기심을 처음에는 그 이기심의 가진이(소유자) 스스로를 이롭게 하지마는, 그 다음에는 이기심은 다른 이기심과 서로 충돌하게 되어, 이기심이 이기심을 서로 잡아먹게 되고, 나중에는 이기심을 그 자신이 제 스스로를 잡아먹어 버리고 만다(49쪽)."

이기주의스러운 청년 남녀를 길러내는 교육은 나라건지는 교육이 아니라 나라 망치는 교육이다. 지식은 잘 드는 칼날과 같은 것이기 때문에, 그것의 공죄는 오로지 그것을 소유하고 사용하는 사람의 행위 목적에 매여 있는 것이다. 이기주의는 이 칼날을 잘못 쓰는 행위와 같다.

이타주의의 독립적 자재성, 이타주의 방향의 교육, 바침과 섬김의 교육

사람은 이기주의적이냐, 이타주의적이냐는 철인에 따라 달리 본다. 외솔은 이들을 다음과 같이 소개한다. 영국의 수리적 자연주의 철학자인 홉즈(T. Hobbes)는 사람의 본성은 이기적 동물이라 한다. 중국의 순자도, 사람의 이기적 욕망의 인성 성악설을 주장했다. 그러나 이 두 사람은 인성의 악은 사람행동(인위)으로 바로잡을 수 있다는 것이다.

맹자는 성선설을 세웠다. 그리고 우물에 빠진 아이를 구하지 아니하지 못함을 그 사례로 들었다. 중국의 정치가인 양웅은 인성에는 선과 악이 다 있다고 했다. 그리고 그 배움의 여하에 따라 선 또는 악이 된다는 것이다.

고자(告子)는 이성에는 선악의 구별이 없다고 했다. 다만 교양에 따라 그것이 달라진다고 했다. 립스는 독특한 들이느낌 설(감정 이입설)에 기대어서, 예술적인 미감과 실천적인 동정을 풀이하고, 이타적 심정은 이 동정의 필연적 결과라 하였다. 물에 빠진 아이를 보고, 제 스스로의 이익을 희생시켜 가면서도 구하지 않을 수 없는 것은 이타주의의 독립을 보이는 일상의 사실이라 하였다(50~55쪽).

이와 같이 외솔은 사람에게 이기적 성정과 함께 이타적 성정이 있다고 하면서, 이기심은 일차적이요, 이타심은 이차적이라 했다. 그러면 이와 관련하여, 교육의 목적은 무엇인가? 외솔은 이에 대하여 다음과 같이 말했다.

"교육의 목적은 사람의 마음의 문을 열어, 다른 이들의 희로애락을 제 스스로의 그것처럼 느낄 수 있게 하며; 넓은 마음으로 모든 가난하고 불쌍한 사람들을 제 품안에 안아 줄 생각을 하게 하며; 제 한 몸의 부귀 영화보다도 온 겨레의 안녕과 행복을 기원하며, 제 한 집의 번영과 안락보다도 그 나라의 향상과 발전을 생각하게 하는 데에 있는 것이다."

이것은 한말로 외솔의 '이타주의적 방향의 교육관'을 보인 것이기도 하다. 그러므로 외솔은 이러한 이타적 심정으로 바침과 섬김의 교육을 다음과 같이 역설한다.

"교육자의 책임은 … 이타적 심정으로써 바침과 섬김으로써 최상의 영광을 삼는 젊은 사람들을 그 사회에 내 보내어, 나라를 영화롭게 하고, 행복스럽게 함에 있는 것임을 깊이 인식하여야 한다. 나라를 사랑하며 겨레를 섬기는 청년 남녀를 길러 내는 것이 곧 우리 나라 교육의 최고의 목표가 되잖으면 안 된다(63~64쪽)."

사회와 나라의 참된 요구에 맞는 교육

교육은 나라 성장의 한 가지 중요한 요소인 만큼, 그 교육은 양과 질이 한 가지로 나라의 발전에 참으로 소용되는 알맞은 것이 아니면 안된다. 이에 외솔은 실사회와 나라의 참된 요구에 맞는 교육을 베풀어야 한다고 하고, 이에 대하여 다음과 같이 제시했다.

교육은 그 고장 사회(지역사회)에 맞는 것이어야 한다

곧 막연하게 농업학교, 공업학교를 세우고, 중등학교가 얼마 있으니, 그 위에 대학도 세우자라는 식으로는 안 된다. 그 고장의 참된 요구가 무엇이며 어떠한 정도의 교육이 필요한가를 살펴 얻어야 한다.

교육은 나라의 요구에 맞아야 한다

해방 이후 각급 학교의 학교 수나 학생 수는 발전적으로 매우 많이 늘어났다. 그러나 이것이 모두 나라의 장래에 큰 소망을 두게 하는 것인가는 검토하여야 한다. 의무교육하에서 초등교육의 팽창은 나라로 보아 매우 좋은 일이니, 더욱 그 성장을 도와야 한다.

중등교육에 있어서는 인문과 실업의 비율이 3 : 7이 되어야 하는데 실제는 그 반대 현상이니, 이는 바로 잡아야 한다.

대학에서도 인문사회 학과의 수가 과학기술 학과보다 많다. 또한 대학의 수가 해마다 늘어나고 있음은 나라의 계획에 의한 것이 아니요, 대학을 차려 놓기만 하면 입학생이 쇄도(그 원인은, 땀흘려 일하려는 생각 없음, 관존 민비의 사상, 출신의 보람 판 얻기, 병역 기피, 일종의 유행 풍기 등)하여, 학교 운영이 유지되고도 남음이 있기 때문이다. 이러한 '대학 기업', 혹은 '학교 기업'이라는 불건전한 현상을 '대학의 경영'이 공황기에 빠지기 전에 막아야 한다. 자연 도태, 자연 정리가 오기를 앉아서 기다릴 수는 없다.

한편 현재 우리 나라의 형편에 맞는 각종 기술자, 과학자, 그 밖의 각종 지식인이 얼마나 필요한가? 그 수를 과학적으로 조사해야 한다.

문교부(교육부)는 대학의 설립 허가를 더 이상 하지 말아야 한다.
표준 성적에 미달자는 내보내어 다른 일에 나아가도록 할 일이다.
제도로써 대학 진학에 제한을 두어야 한다(64~76쪽).

이상은 당시의 학교 교육인 동시에, 학교 개혁안이기도 하다.

도덕교육에 힘쓸 일

그 국민의 '도덕 실행력의 강약'이 나라의 흥왕 쇠망을 좌우하는 것임은 세계 역사의 사실이 밝혀 주는 진리이다. 여기에 도덕 교육의 문제가 나온다. 그러면 도덕교육은 어떻게 할 것인가? 외솔은 다음과 같이 제시하다.

도덕교육의 목표

사람을 사랑하고 사람됨의 가치를 높이는 정신을 마음깊이 기르는 것이 도덕 교육의 목표이다. 이 목표를 이루어내기 위하여 다음의 구체적 목표를 세워야 한다.

- 나날의 살음(생활)의 행동거지의 법칙을 깨쳐, '올바른' 버릇을 들인다.
- 착함과 악함(선악), 정의와 불의를 판단하는 능력을 기른다.
- 개성의 자유를 도와, 끊임없는 창의로써, 생활을 더 좋게 하는 태도를 가지도록 인도한다.
- 민주주의의 성원으로서, 도덕적인 태도와 의욕을 높이도록 한다.

도덕교육의 내용

위와 같은 목표 아래 이루어지는 도덕교육의 내용에 대하여 외솔이 말한 바를 다음과 같이 요약한다.

첫째, 나날의 버릇 문제
- 목숨을 귀히 여기고, 절제와 균형있는 생활로 몸과 마음의 건강 유지
- 정리정돈의 버릇을 기름
- 때와 물건과 돈의 값어치 분별
- 일을 즐겨하며, 끈기있게 최후까지 해내는 태도와 버릇

둘째, 도덕적 판단력과 심정을 높이어 실천하는 문제
- 나 및 모든 사람의 인격을 존중한다.
- 진리를 찾고 이상을 품고, 현실의 고난을 이기며, 적극적 진취적 생활 태도를 가짐
- 허물과 실패가 있을 때는 솔직한 인정과 반성을 하여 재기에 힘씀
- 정직하여 표리가 없으며, 진실하고 믿음직한 사람이 됨
- 부지런히 제 힘으로 살아간다.
- 검소하고 질박하여, 씩씩한 기상을 가짐
- 궁한 중에도 예의와 염치, 절개와 신의를 지킴
- 남녀 간의 교제는 절대 순결하여, 이해와 경애로써, 개인 및 사회 생활의 품위와 행복의 증진에 합당하도록 함
- 권리에 앞서 의무를 다하며, 보수에 앞서 직분을 다함
- 믿음과 참음으로 끝내 소망을 지님

셋째, 개성의 피어남과 문화 창조를 왕성히 하여, 겨레 문화

번짐을 꾀하는 문제

- 조상의 유형 무형의 문화를 존중 숭상
- 개인의 천성과 자질을 존중하여 자유스럽게 피어나게 함
- 끊임없는 창의로써 제도 문물 학술 예술의 향상
- 배달 겨레의 전통과 문화의 특색을 살리고, 이를 세계 문화에 공헌함

넷째, 민주주의 나라의 구성원으로서, 필요한 도덕심을 발휘하여, 더 좋은 나라 세우기에 협력할 것

- 사랑과 용서, 존경과 도리로써 화목하고 건전한 가정을 이룸
- 신뢰로써 집단 생활의 향상에 힘씀
- 너그러운 마음으로 서로 화합함
- 겸손한 마음으로 남의 의견에 귀 기울임
- 개인의 복락은 전체의 복락 속에, 그 나라의 복락 속에서만 누릴 수 있음을 깨달음
- 나라의 모든 기관의 권력은 국민에게 주어진 것임을 깨달음
- 작은 집단은 큰 집단 내지 나라의 한 부분임을 깨치고, 작음을 버리고, 큼을 취함
- 편견과 사심을 버리고, 모든 일에 공명정대하게 처리함
- 정의가 지배하는 사회
- 씽씽한 생기로서 참된 민주주의를 싸워 얻음
- 제 나라 사랑과 아울러, 국제적 이해와 인류의 정신으로 국제 사회에 이바지함(76~85쪽)

외솔은 이와 같은 도덕교육의 목표와 내용을 구체적으로 밝히면서, 이러한 교육은, 교실, 교사, 교과서에 의할 뿐 아니라, '교

단 외적인 모든 환경'에서 이루어져야 한다고 역설한다. 그리고 나라 건지는 교육은 바로 '도덕 교육'에 있음을 역설한다.

그러므로 외솔은 나라 건지는 교육으로, 도덕의 교육을 얼마나 중요하고 비중있게 생각하고 있는가를 잘 볼 수 있다. 그 도덕의 가장 기본적인 바탕에는 민주주의 실현을 깔고 있다. 이러한 바탕위에서 사람의 개성과 자유스런 창조를 숭상하고, 지켜야 할 사람의 도리를 제시하며, 발전을 위한 진취적 기상을 불러 일으켜 준다. 이것은 결국 개인의 행복과 연결되지만 그러나 그것은 개인에 앞서 단체 있음을, 단체에 앞서 더 큰 단체, 또는 나라있음을 전제하고 있음을 알 수 있다. 한편 외솔은 나아가서 나라를 세계적 국제적 관계로 연관해 보고 있다는 데서 우리는 외솔의 '세계적 국가관'을 볼 수 있다.

〈나라건지는 교육〉의 맺음말 – 교육 관념을 고치자

외솔은 나라 건지는 교육을 맺음말에서 다시 넓게 강조한다. 한마디로 '교육 관념'을 고치자는 것이다. 외솔은 나라건지는 교육으로서,

- 생활 능력의 교육
- 근로 생산의 교육
- 화합 협동인 양성의 교육
- 이기주의의 노예 상태에서 해방된 자유인의 교육
- 나라와 사회의 요구에 알맞은 교육
- 도덕교육

들을 내세웠다. 그리고 이 가운데서도 '도덕교육이 가장 으뜸'이

됨을 역설하였다. 그것은 도덕 교육은 '사람 만드는 교육'이니, 사람 만들기야 말로 곧 교육 전체의 목적이기 때문이라는 것이다. 그러므로 외솔은 도덕교육은 곧 교육의 최고 전당이라고 하였다.

제4회 사범부 지도자 양성 한글 강습회 수료생들(1949년)

외솔은 앞에서 교육 관념을 고치자고 했다. 어떻게 그것을 고쳐야 하나? 사람이란, 제각기 다 이기심을 가지고 있기 때문에, 물욕과 명예욕에만 사는 교육이 되기 쉽다. 물질의 욕망이나 명예의 욕망은 일시적 만족은 있을지언정, 영구한 만족은 없으며, 작은 기쁨은 있으나 큰 기쁨은 없다. 얻고자 하는 욕심은 한정이 없는데, 개인의 생명과 능력에는 한정이 있기 때문에, 그 얻고자 하는 욕망을 넉넉히 달성할 수가 없다. 진시왕도 한무제도 종국에는 갔다. 이와 같이 말하는 외솔의 참뜻은 무엇일까?

그것은 개인 위주의 얻으려는 교육은 진정한 최고의 인생 교육이 될 수 없다는 것이다. 인생 교육의 최후의 목적은 다른 이로부터 무엇을 얻고자 하는 것보다 다른 이에게 무엇을 주는 마음을 기르는 것이라 한다. 다른 이에게 무엇을 주는 데에 행복과 만족이 있다는 것이다. 다시 말하면 가장 좋은 교육은 받고자 하는 마음보다 '주고자 하는 마음'을 기르며, 남을 지배하고자 하는 태도보다 남에게 섬김을 다하고자 하는 섬김과 희생의 사랑의 태도를 길러, 사회의 개량, 인류의 향상을 꾀하는 데에 그 참 목적이 있다는 것이다.

여기에서 유한의 세계에서 무한의 만족, 영구의 행복을 느끼게 된다는 것이다. 그리고 이러한 사랑의 교육은 학교에서 시작하여, 종신토록 정진하는 각 개인의 자기 교육으로서 완전히 달성할 수 있다는 것이다(87~101쪽).

진학 문제에 관하여

입학시험 바로잡기

외솔은 당시의 잘못된 교육을 바로잡기 위하여, 일종의 '교육개혁'을 생각하고 있었다. 그 개혁에 해당하는 것이 '입학시험 바로잡기' 곧 '입시제도의 개혁'이다.

종래의 입시방법의 폐해

먼저 외솔은 종래의 입시방법의 폐해를 지적한다.

- 각급 학교의 목적에 위반된다. 곧 각급 학교는 제 독특한 목적이 있다. 그런데 이러한 학교의 목적, 개인의 개성, 특이성을 무시하고서 다만 공평을 핑계로 한 가지 문제로써 입학을 전형한다.
- 피교육자 측의 피해가 크다. 곧 과도한 입시 준비 교육의

여행은 신체 발육상, 정신상 피해를 준다. 특히 정신면의 피해를 보면, 기계적 암기 때문에, 사고력 발달의 저해가 크다. 상급학교 입학률로 교육적 성과로 치는 학교의 과중한 시험 준비는, 학생이 무거운 부담을 감당하는데 급급하므로, 자기 관찰과 자기 사고와 자기 판단력과 제 운명의 능동적 개척의 능력과 독립적 기상을 갖지 못한다.

- 학문의 진보와 교과서의 향상을 저해한다. 곧 각급 학교의 교사들이 학문적 양심과 교육자적 태도로 교과서를 선택할 수 있는 자유스러움이 없고, 외적 또는 내적 무슨 관련에 구애됨으로써 학문의 진보와 교과서 향상과 교육의 발전을 저해한다.
- 국가의 손실이 크다. 곧 위와 같은 입시제도 아래서 오로지 하나의 등용문을 목표로, 밤낮 침식을 잊고 입시 준비에만 몰두하다가 입학한 사람의 심리적 태도는 "내가 잘났다"는 생각뿐이다. 이러한 방법으로 길러낸 사람은 경쟁심만 있고 협동 정신이 없다. 이러한 사람이 지도하는 사회나 나라는 화합 단결을 이루기 어려우니, 나라의 손실은 크다. 또한 이러한 입시 제도는 나라의 경제적 시간적 손실이 클 수밖에 없다.

이와 같이 오늘(당시)의 입시제도를 비판한 외솔은, 오늘의 교육 방법은 국가적 견지에서 보아 실패한 교육이라고 판단을 한다. 여기에 그 개선책이 문제된다.

입시방법 개선안

이런 개선책도 있지만 흔히 세인이 제시하는 개선책, 곧 문제의 범위와 방법의 개량, 학과목 시험 대신 지능검사로, 출제를 여러 교과서에서 혹은 다른 책에서 등을 말하나, 외솔은 이는 오히려 혹독한 방안밖에는 안된다고 거부한다(112~113쪽).

무시험제도를 주장함

외솔은 입학시험제도 그것을 폐지하라고 강하게 주장한다. 그 근거는 범이 무섭고 해롭거든 그 무서움과 해악을 없이 하는 방도는 그 범을 길들이는 데 있지 아니하고, 숫제 그놈의 범을 잡아 없이 해 버리는 것이 상책이라는 이치에 두고 있다(118쪽, 더욱 외솔의 '입학시험제도폐지론', 연희춘추 36호, 1955. 1. 26을 볼 것).

'무시험제도'는 시험을 없이 하고, 그 대신 출신 학교의 재학성적과 행실로써 입학자를 전형하라는 것이다. 그러나 이 입학시험제도가 해방 이후 지금까지 계속 큰 현안문제로 되어 있다.

한 때 연세대학에서 이 무시험제도가 실시된 바도 있었다. 그런데 그때 내신을 올리는 고등학교의 불공정 때문에 신빙성이 문제되어, 더 계속하지 못했다.

그런데 오늘날 교육개혁의 일환으로 이 무시험제도가 다시 힘을 얻게 되었다. 그 모순점을 잘 보완만 한다면 좋은 교육의 결과를 얻으리라고 본다. 이와 같이 볼 때, 외솔의 그 당시의 무시험제 주장은 올적(미래)을 내다본 매우 큰 역사적 의미를 갖는다고 할 것이다.

외솔은 당시 실행하고 있었던 입학시험 현황을 보면서, 그리고 교육의 현황을 보면서, 몇 가지 주의를 주고도 있다. 곧 편협한 출제를 삼가야 하고(115~119쪽), 국어 말본을 가르치는 이들은 교재의 분량 문제, 말본 체계의 불통일 문제(학문의 본질은 자유를 존중하느니만큼, 그 통일을 기계적으로, 또는 다수결로 결정할 수는 없음, 120~129쪽) 등에 구애됨이 없이 가르치는 이의 학문적 양심에 따를 것이며, 입학시험은 주입식 교육, 창의성 감소, 협동심 경시 등을 지양하는 무시험 제도가 가장 이상적인 것임을 재천명한다(139~141쪽).

연희동산에서 문과대학 신입생을 환영하며 말씀하는 외솔(1955년)

국가고사의 필요성

외솔은 국가고사가 관리문제나 여러 모양의 결함 등이 있기는 하나, 그것은 종래의 입학의 무질서, 불합리, 부패 등의 폐해를 제거 개선하기에 시원스런 효과를 거두었다고 평가하고, 대학 진학의 길을 결정짓기 위해서는, 적당한 시기와 방식의 국가고사가 장래에도 필요하지 않을까라고 조심스러운 결론을 내리고 있다(142~144쪽).

아놀드 군정장관에게 처음 만든 교과서를 증정하는 외솔
(편수국장 시절, 1945년)

여러 가지

이쪽에서는 1951년 1·4 후퇴 이후 편수국(그 때, 외솔이 편수국장)에서 국민학교(초등학교)의 정식 "새 교과서 박아냄에 대하여"(147~152쪽) 설명하고, 또한 "도덕교육에 대하여"(153~157쪽) 논설했으며('묵은 도덕의 지양과 민주주의에 맞는 12가지 덕'에 대해서는 「민주주의와 국민도덕」(1953)에서 논했다. 여기서는 생략.) "나의 존경하는 교육자, 주시경 스승"(나라건지는 교육, 158~164쪽)을 소개했다.

이 중 특히 주시경 선생을 존경하는 교육자 상으로 들어내고, 나아가서 주시경 선생을 모든 스승의 이상적인 상으로 부각시킨 것에 우리는 주목하게 된다. 또한 주시경 선생이 얼마나 겨레와 나라사랑의 얼을 제자들에게 심어 주었으며, 역사적 인물로 평가하고 있는가를, 다음의 외솔의 말에서 알 수 있다.

"교수하는 말 가운데 겨레의 혼이 들었고, 또 말 밖에도 나라의 생각이 넘치었다(윗책, 160쪽)."

"세종대왕은 우리 겨레 최대의 종사(으뜸 스승)이요, 주시경님은 우리 겨레가 길이 사모하는 교단의 스승이다(윗책, 163쪽)."

3. 페스탈로치의 교육사상

외솔이 페스탈로치 교육사상을 전공한 동기

외솔 최현배 선생이 대학(경도제국대학)에서 교육학을 전공하고, 특히 페스탈로치의 교육사상을 연구한 동기는 이러하다. 곧 교육학을 전공한 동기는 교육학의 중요성에 대한 인식이요, 현실 사회의 무기력과 침체 타개의 절박한 인식에 있다. 특히 페스탈로치를 전공한 동기는 페스탈로치를 만대불변의 교육자의 사표로 존중하고, 또한 그의 교육 사상을 불멸의 진리로 확신하여, 페스탈로치의 사상을 연구함으로써, '페스탈로치의 교육학'을 하나 차리어 보겠다는 것이었다("페스탈로치의 교육사상" 뒤친 펴냄의 머리말, 나라건지는 교육, 167쪽).

페스탈로치는 어떠한 사람인가?

외솔의 이 논문은 교토대학의 졸업 논문으로 1925년 1월 15일 완성한 것으로서, 본시 일어로 쓰여 있었으나, 1927년에 〈현대평론〉 3월호에 "페스탈로치의 교육사상"으로 소개되었고, 이는 다시 〈나라사랑〉 10집(1973)의 124~136쪽에 옮겨 실었다. 졸업 논문 전문을 우리말로 뒤친 것은 1962년이요, 그것은 〈나라건지는 교육〉(1963)의 넷째 매(165~221쪽)에 실려 있다. 이 뒤친 글에서 페스탈로치를 이렇게 소개하고 있다.

> "스위스 나라가 낳은 요한 하인리히 페스탈로치는 1746년 1월 12일에 쥬리히에서 의사의 아들로 태어나서, 1827년 2월 17일 저녁 7시 노이호오프에 가까운 쁘록에서 이승을 떠났다. 그의 81해의 생애 교육 활동은 만대 불변의 진리가 간직되어 있다. … 그의 교육사에서의 위치는 마치 철학사에서의 플라톤이나 칸트에 비유하기도 한다(뒤친 펴냄의 머리말, 167쪽)."

이와 같이 그를 소개한 외솔은 페스탈로치의 사상에 대하여 큰 관심을 가졌었다.

외솔이 페스탈로치의 교육학에 뜻을 둔 이유에 대하여, "페스탈로치 스스로가 조직적인 교육 사상에 대하여 책자를 낸 바도 없고, 그뿐 아니라, 동서양의 많은 교육자들 가운데 페스탈로치의 교육사상을 한 교육학으로까지 조직한 것도 없다(물론 다소의 앞 사람의 체계화 노력은 있었지만).

나는 인류의 사상에 영원한 교육자의 생명의 원천인 페스탈로치를 경모하는 충심에서 감히 '페스탈로치 교육학'의 조직을 뜻하였다"(〈현대문학〉(1927) 및 〈나라사랑〉(1973) 124쪽)라고 하였다. 그러면서 외솔은 자신의 논문에 대하여, 다음과 같이 말하고 있다.

> "학생 시대의 지음으로서, 그 내용에 불비함이 많을 것임은 틀림없겠지마는, 역시 나의 한 살이 갈길(행로)에서의 버릴 수 없는 하나의 뜻있는 자극인 것이다. 배달의 페스탈로치가 되겠다는 나의 젊은 시절의 꿈은 나의 학문의 방향 전환으로 말미

암아, 이뤄지지 못한 것은 섭섭한 사실이기는 하지마는, 내가 페스탈로치의 생애와 사상에서 받은 바 영향은, 나의 생애의 한 가지 등불이 되었음도 또한 지울 수 없는 사실이다(뒤친 펴냄의 머리말, 168쪽)."

위에서 외솔은 연구 전공분야는 바꾸었지만 페스탈로치의 교육사상은 한 삶의 사상적 바탕이 되어 있음을 알 수 있다. 외솔은 쥬리히의 서북 수 리의 쁼 농촌에 이뤄진 페스탈로치의 무덤의 비명을 다음과 같이 소개하였으니, 이는 페스탈로치의 사상을 얼마나 잘 상징하고 있는가를 알 수 있는 동시에, 외솔의 교육사상을 꿰뚫어 볼 수도 있는 것이다(김석득, 앞의 글, 430쪽).

노이호프에서는 가난뱅이들의 구조자,
"린하르트와 게르트루트"에서는
인민의 설교자,
슈탄츠에서는 고아의 아비,
부르크도르프와 뮨헨에서는
초등 학교의 창립자.
이훼르덴에서는 인류의 교육자.
사람, 기독교인, 시민.
모든 것은 남을 위하여 하였고,
제를 위하여는 아무것도 하잖았다.
은혜 있으라, 그의 이름에.
(웟 머리말, 168쪽 끝)

이 논문의 조직은 다음의 여섯 부분으로 되어 있다.

첫째 부분 페스탈로치 교육학의 기초
둘째 부분 교육의 뜻과 목적
셋째 부분 교육의 기능과 한계
넷째 부분 교육의 필요
다섯째 부분 교육의 마당
여섯째 부분 교육의 원리(합자연성)

페스탈로치 교육학의 기초

외솔은 페스탈로치(글쓴이의 표기법) 자신의 체계화한 교육학서는 없지만, 그의 사상에는 체계가 있었다 하고, 페스탈로치의 교육의 연구에서는, "어떻게 해서 교육을 그 경험적 모순의 혼란에서 구출하여 모순이 없는 기초의 위에 선 과학으로 만들 수 있나"가 문제가 되었다고 소개한다. 그리고, 페스탈로치는 이 모순이 없는 원리를 사람의 인성의 영원한 법칙에서 찾아내었으며, 그리고 그 발견에 주장 힘이 된 것은 실로 경험과 실험이었다고 외솔은 소개한다. 곧, 페스탈로치의 노력은 확실히 교육학의 이론을 '경험의 위에 터잡는 일'이었다고 외솔은 이해하고 있다.

그렇다고 경험이 있을 뿐이요, 아무런 이론 또는 철학이 없었던 것은 아니라고 한다. 나돌프에 따르면, 원래 철학적이냐, 경험적이냐 하는 물음은 처음부터 틀린 물음이라 하고, '인식은 경험과 함께 시작한다'는 칸트의 말을 빌어, 철학적임은 결코 경험적임을 배제하지 않는다 하면서, 페스탈로치의 교육학이 경험적 기초를 가졌다는 것은 결코 철학적 기초가 있음을 방해하지 않는다고 외솔은 풀이한다. 곧 외솔은 페스탈로치의 교육설은 논리나 분석적인 것은 아니나, 그에게는 '체험적이요, 종합적인 철학이 있다'고 확신했다.

외솔은 그러면 경험에 터잡은 페스탈로치의 교육설의 철학적 기초는 어떠한 것인가?라고 묻고, 이에 대하여, 나돌프의 말을 빌어, 그의 철학적 기초는 독일 철학의 "이상주의적 인식 개념에 있다"고 대답한다. 곧 페스탈로치는 칸트의 철학에서 아무것도 빌어 오지는 않았으면서, 그 스스로의 길을 걸어서, 칸트의 이상주의 철학에 도달한 것이라고 외솔은 평가한다.

결론적으로 페스탈로치는 이상주의를 호흡하고, 체험하고, 이를 기반으로 하여, 교육 학설을 얻은 것이라고 외솔은 말한다(이상, 〈나라건지는 교육〉 172~177쪽).

교육의 뜻과 목적

페스탈로치에 따르면 "사람은 날 때부터 본능적으로 개성의 발달을 열망한다"고 한다. 그리고 "사람의 교육은 결국 각 사람의 개성의 발달을 바라는 자연을 방조하는 기술"이라고 겔트루드의 말을 인용한다. 곧 사람 교육의 목적은 그 모든 능력과 소질의 조화적 발달에 지나지 않는다고 외솔은 이해한다. 그러면 조화로운 발달, 사람 교육의 극치는 무엇일까?라고 외솔은 묻고, 그 대답을 페스탈로치의 하느님에 대한 믿음에서 찾는다.

곧 페스탈로치에 있어서는 하느님에 대한 믿음은 모든 지혜, 모든 축복의 원천이며, 또 인류의 순수한 교육을 위한 자연의 길이라는 것이다. 그런데 하나님에 대한 믿음은 사람 교육의 기초로서 우리 사람의 본성의 내부에 자리하여 있는 것이요, 교육된 결과는 아니라는 것이다. 이리하여 페스탈로치의 하느님은 결국 사람의 도덕적 이상의 최종점, 최종 통일자라는 것이다. 이와 같이 소개한 외솔은 페스탈로치의 교육사상에 대하여, 다음과 같이 결론을 내렸다.

> "종교는 곧 도덕의 완성이다. 도덕은 종교를 떠나지 않고, 둘이 하나가 되어, 도덕적 종교, 종교적 도덕은 실로 페스탈로치의 교육사상의 중심 관념이요, 또 그 끝장의 목적이다(180쪽)."

교육의 기능과 한계

페스탈로치의 교육의 기능관은 사람의 내적 발전을 도와 이끄는 것이라 한다. 그러나 그 교육은 한계성을 가진다는 것이다. 곧 교육은 개성을 존중하여 그에 맞추어 갈 것이요, 그 개성을 무제한으로 변경할 수 있는 것은 아니라고 함으로써, 교육의 한계성이 있음을 주장한다는 것이다. 다시 말하면 교육은 결코 전능한 것이 아니라는 교육의 한계성을 인정하는 것이 페스탈로치의 교육사상임을 외솔은 명시하고 있다(180~182쪽).

교육의 필요

페스탈로치는 교육의 필요성을 사회적인 면과 개인적인 면으로 나누어 보았음을 소개하고 있다.

사회적인 면에서는 사람을 자연 그대로 버려 둠으로써 오는 게으름, 무식, 무사려, 무기력, 탐욕을 교육을 통하여, 이를 면하도록 합리적으로 가르칠 필요가 있다는 것이다. 이러한 개인의 덕을 갖추어야 사회 개조가 가능하다는 것이다. 이는 페스탈로치의 교육의 필요는 우선 '사회의 개조'에 있음을 보인 것이라 하겠다.

개인적인 면에서는 사람의 본성 안에서, 만인의 권리인 힘을 발달시킬 필요가 있다는 것이다. 여기서 우리는 '만인'이라는 표현에 주목한다. 곧 인도주의자(인도파)들은 소수의 고귀한 사람에게 착안하나, 페스탈로치는 압박된 어려운 사람에게 착안한다 하고, 이는 인문주의의 교육 목적과 페스탈로치의 교육 사이의 근본적인 다름이라고 하였다. 앞 것은 행운의 '소수인의 고등 도야'에 힘쓰는 것이니, 역사적으로 보면, 19세기 귀족 학교의 창립을 보고, 뒷 것은 '일반 국민 도야'에 힘쓰는 것이니, 거기에서는 페스탈로치의 초등학교의 설립을 본다는 것이다.

외솔은 페스탈로치의 특징화를 위하여, 페스탈로치는 사람의 일반 도야를 목적으로 삼아 빈민 교육을 시작한 제1인자로 보아야 한다고 못박는다(184쪽). 그리고 그의 사상을 더욱 명시하기 위하여, 1846년, 그의 출생 100년이 되는 때, 쥬리히 뻴 농촌에 세운 그의 무덤의 비명 기록을 소개했다(앞에서 본 "페스탈로치는 어떠한 사람인가?"쪽을 볼 것).

교육의 마당

페스탈로치의 교육의 마당을, 가정, 학교, 사회로 나누어 외솔은 설명한다. 페스탈로치는 가정을 교육활동의 출발점은 모자간의 사랑이라 하고, 사랑의 어머니는 가정 및 사회 교육의 가장 유능한 교육자로 보고 있다는 것이다.

페스탈로치는 학교의 구실로서, 확장하는 경험 범위와 공동생활의 범위 안에서, 의지, 인식의 힘의 자립 성장의 발달을 인정한다는 것이다. 학교가 무용의 지식에 힘씀과, 고등수양이 인생을 약화시키는 수단이어서는 안되며, 인생의 자유독립의 능력을 발전시키지 못하는 습자학교, 문답학교는 인간학교가 될 수 없다고 한다.

페스탈로치는 사람은 사회에서 생활이 도야된다고 보고, 사회적 질서가 청년교육에 적당하도록 조직되어야 함을 역설했다고 한다(185~189쪽).

교육의 원리(합자연성)

페스탈로치는, 교육의 원리를 자발성, 방법, 직관, 모든 힘의 평형, 사회 등의 차원에서 살폈음을 외솔은 소개한다.

이상은 외솔은 페스탈로치의 교육학의 이론적 방면을 계통적인 짜임틀로 풀이해 왔다. 그런데 이 짜임틀에는 최후의 유일의 원리가 있어야 한다고 외솔은 보는 것이다. 그리고 외솔은, 페스탈로치는 루소의 표어 '자연'을 최고 원리로 본다고 하고, 그것은 그의 최초의 지음 "숨은 이의 저녁"에서부터 최후의 지음인 "고니의 노래"를 통하여 나타나는 자연 존중에서 볼 수 있다고 말한다. 그리고 "페스탈로치의 자연은 자율적인 자연이며, 영원의 자기 갱신의 힘을 깃들인 자연이다. 이 페스탈로치의 자연이 루소에서 나와, 그러면서 루소를 뛰넘은 것이다"라고, 나돌프설을 인용 소개하였다(191쪽).

그러면 최고의 원리인 '자연의 따르기'에서 이끌리는 원리는 무엇일까? 외솔은 역시 나돌프의 설에 따라서, 페스탈로치의 다섯 가지 원리, 곧 자발성의 원리, 방법의 원리, 직관의 원리, 모든 힘 형평의 원리, 사회의 원리를 들어 풀이하고 있다.

자발성의 원리 인식의 근원은 자아이니, 사람은 '제 스스로의 소산'이며, '영원성의 자기 창조'라는 것이다. 그리고 이것이야말로 '참의 자연'이라는 것이다. 그러므로, 자발성의 원리가 합자연성에서 끄집어내어지는 것이 명백하다 하고, 교육은 교육받을 이의 자아에서 출발하지 않으면 안 된다는 것이다. 곧 자발성의 원리(외솔은 이를 '자율의 원리'라고도 한다.)는 영원히 법칙에 따라 발달하는 우리의 도야의 출발점이라고 풀이한다(194쪽).

따라서, 페스탈로치의 모든 교수법의 최후의 중심점은 곧 '너 자신에게'로 환원시킨다고 한다. 왜냐 하면, 너의 해야 할 바 모든 것은 너 자신에서 출발하는 때문이라는 것이다. 그러므로 너 자신의 인식 곧 자기 인식은 사람 교수의 근원을 이루는 중심점이라는 것이다. 그런데, 페스탈로치는 사람 교육의 근원인 이 자기 인식에 대하여, 셈, 꼴, 말을 '앞알음'이라고 함으로써 칸트의 선험(앞알음)의 보편타당성과 필연성을 더욱 고조한 바 되었다고 외솔은 풀이한다(197쪽).

말하자면 이러한 사람의 앞알음의 힘 때문에 페스탈로치의 교육의 자발성의 원리가 타당성을 갖는다고 할 수 있겠다.

방법의 원리 인식의 근원인 자아의 '발전의 길걸음' 곧 '사람의 영원성의 자기 창조'의 법치적 진행의 원리로서, '방법의 원리'가 이끌려 나온다는 것이다. 자발성의 원리는 모든 사람 교육의 유일한 최후의 근본 법칙에 의하여 일어남을 뜻하는 것이요, 능동적인 사람 자신의 자연에서 생기는 방법까지를 뜻하지는 않다는 것이다. 이러한 것이 전제되어, 페스탈로치의 교육 방법의 근본 요구로서, 길걸음의 인도자 곧 교육자의 교육의 엄밀한 세 단계의 진행이 있다고 한다.

첫째로, 확실한 근저에서의 출발, 곧 참스런 첫점(시발점)에서의 출발(자연의 길을 찾아 구하여 단순한 것, 가까운 것에서의 출발)이요, 둘째로, 결함없는 진행, 곧 질서 바른 진행이요, 셋째로, 전체에서의 완결하기(마무리하기)가 그것이라 한다. 그런데 다만 이 완결은 이미 도달한 결과에 달라붙기 위해서가 아니요, 차라리 그 완결을 확실한 인식의 소유로 하고, 다시 그 완결을 먼 진보에 쓰기 위한 것으로서의 완결이 되어야 한다고 한다.

직관의 원리 페스탈로치는 모든 인식의 절대적 기초로서의 '직관'의 인식은, 교수의 지상의 원칙이라고 하였다 한다. 이 원리의 건설에서, 그는 "자연 그것으로 말미암아 정해진 사람 교육의 원형'을 비로소 발견하였다고 한다. 그리하여, 사람들은 직관의 원리를 페스탈로치의 교육학의 최후 유일의 원리로 인정하게 되었다고 한다.

'직관'은 자발성 및 방법과 어떤 관계를 가지나? 직관의 원리는 페스탈로치의 근본 원리의 가장 구체적인 표현이라 한다. '자발성'은 다만 일반으로 사람 교육이 저 자신에서 출발하는 것을 뜻하며, '방법'은 이미 일정한 진행이다. 그런데 '직관'은 자기 교육의 완전한 활동성을 나타낸다는 것이다. 이 직관에서 '자발성'과 '방법'이 비로소 생생하게 된다는 것이다.

이 직관이란 본래 Intuition의 뜻인데, Intuition의 어원은 플라톤의 Idea에서 나와, '대상의 활동스런 보기(관)', '창의스런 살피기(찰)'의 뜻을 가진다는 것이다. 그런데 중세 및 근세의 초기까지는 그 본뜻은 거의 잃어졌고, 칸트의 대답도 역시 '받아들임'

을 뜻함에 지나지 않았으나, 이 직관에 넉넉한 자발성의 특질을 되돌린 것은 온전히 페스탈로치의 공적이라고 외솔은 설명하고 있다.

직관은 대상을 보면서 '꼴만드는 일'이다. 그러므로, 직관은 개념과 원칙의 반대가 아니요, 차라리 그 실증, 그 충분한 행동화의 가운네에 있는 인식의 개념과 원칙 그것이다 라고 말하면서, 그것은 마무리된 꼴이 아니라, 생생한 꼴만드는 일이므로, 페스탈로치의 직관은 분석적인 생각함의 추상작용이 아니라, 종합적 생각하기에 매우 가까운 것이며, 그것은 '인식의 본질적 창조의 힘'이라고 외솔은 설명하였다. 그리고 "자연 그것의 직관은 사람 교수의 본질적인 참된 기초이다. 그것은 사람 인식의 유일한 기초이기 때문"이라는 것이다(201~205쪽).

모든 힘 평형의 원리 자발성, 방법, 직관성의 세 원리는 서로 떨어질 수 없는 관계를 가지고 하나를 이루는 것이니, 이는 저 '합 자연성'이라는 최고 유일의 원리에서 흘러난 것이라고 한다. 그러므로 합자연스런 교육은 다 자발성, 방법, 직관의 성질을 가지지 않으면 안 된다고 한다.

그러나 사람 교육의 구별하는 방향은 이들만에 기대어서는 아직 규정되지 아니한다 하고, 그 바르고 조화로운 발달을 가져오는 것은 사람 교육의 임무인 정신의 근본 능력 곧 지력적, 도덕적, 신체적(일하기 교육, 또는 기술 교육) 능력이라고 페스탈로치는 지적하였다고 한다. 곧 교육의 합자연성은 이 세 근본 능력이 모두 평등으로 서로 긴밀한 관계를 가지고 '조화적으로', 혹은 '평형해서' 발전하는 데에 있다고 보는 것이 페스탈로치의 교육의 원리임을 외솔은 간파한다(207~208쪽).

사회의 원리 모든 교육이 개인의 일임과 같이, 또 모든 교육은 사회의 일이라고 보는 것이다. 여기에서, 외솔은, 페스탈로치의 교육학은 '사회적 교육학'임을 무조건 긍정한다. 그리고 페스탈로치는 루소로 말미암아 교육의 사회적 의미를 깨쳤으나, 루소가 이상적 요구에서 멎음에 대하여(루소를 개인적 교육학자라고 하는 것은 잘못이라고 한다), 페스탈로치는 사회적 질서로써 엄밀히 사람을 참사람다움(인간성)에까지 끌어 올리는 수단으로 본 데에, 사회적 교육학자로서의 특색이 있다고, 외솔은 페스탈로치의 사회적 교육학적 특색을 평가한다. 그리고, 외솔은 사회 교육학에 대한 자신의 관점을 다음과 같이 피력한다.

> "사회 질서가 모두 사람 교육에 소용되는 것이다. 사회 속에서 또 사회 때문에(for) 일하는 것은 바로 개인의 건전한 교육이 된다. 실로 사회 그것을 바르게 꼴만드는 것이 개인의 교육에 대하여 절실한 의미를 가지므로, 충분히 깊은, 넓은, 더 큰 '교육학', 따라서 동시에 더 높은 '정치학'의 영역에 번져 들어가는 것이다. 이 아주 Platon스런 의미에서 만약 사회적 교육학이라는 것이 있다면, 페스탈로치의 교육학은 바로 그것이다."(221쪽)

글쓴이가 이제 '나라 건지는 교육'의 역사적인 뜻을 생각해 본다. 외솔은 페스탈로치의 생애와 사상을 연구하여, '페스탈로치의 교육학'을 하나 차려 보고자 졸업 논문(교토대학)을 썼다 하고, 이는 한 살이 갈 길에서 버릴 수 없는 뜻있는 자극이라고 하였다(뒤친 펴냄의 머리말에서).

김정환은 "외솔은 〈조선 민족 갱생의 도〉로 국민 계몽에 앞장선 사회 교육의 선각자요, 민족 교육의 탁월한 이론을 지닌 분"이라고 평하면서, "한국 교육학의 개척자로 세분을 들 수 있으니, 외솔 최현배, 이인기, 김기석 교수가 그분들"이라 했다. 그리고 외솔의 교육사상을 민족교육, 구국 교육론, 사회교육론, 국어교육론, 페스탈로치의 교육사상 체계화 등으로 분석했다.

한국 교육학의 개척자의 한 사람이기도 한 외솔은 우리에게 겨레의 참뜻 다짐, 말-글-얼의 삼위일체성, 국민 대중의 민주주의 교육관, 종교적 신앙의 바탕의 도덕관, 민족주의 교육론을 남기었으니, 이것은 비로 페스탈로치의 인간 교육의 이상주의를 호흡하고 체험한 데서 온 것이라 하겠다.

한편 외솔의 교육사상이 우리에게 남겨 준 것 가운데, '종교를 기초로 삼는 도덕관'을 들 수 있다. 이는 외솔의 민족이상론이나 도덕교육론이 바로 종교적 감각의 소치임을 분명히 나타내 준 것으로, 페스탈로치의 '도덕적 종교, 종교적 도덕'의 교육과 유관하다 할 것이다.

위에서 말한 모든 것은 외솔이 바로 페스탈로치의 교육사상에서 얻은 교육 철학관이다. 그리고 이러한 교육 철학관을 펴나가 보겠다는 생각이 외솔의 한 삶을 지배하고 있었던 것이다. 그리하여 우리나라의 잘못된 교육관을 폭로 비판하고, 나라를 건지는 참된 교육의 길을 밝혀 보자는 그 이론적인 저서 〈나라건지는 교육〉을 지은 것이라고 보매, 그 역사적인 뜻은 매우 크다 아니할 수 있다.

4. 맺음말

외솔이 《나라 건지는 교육(1963년)》을 쓴 것은 그 나이 70때로서, 그의 생애에 있어 사상적으로 가장 원숙한 시기의 저술인 것이다. 그는 《조선 민족 갱생의 도》, 《민주주의와 국민 도덕》, 《나라 사랑의 길》에 펴 놓았던 그의 애국의 충정을 《나라 건지는 교육》에서 교육과 직접 연결지어 풀이하였다.

그의 교육에 관한 최초의 논문이 「페스탈로치의 교육사상」임을 생각할 때, 만년의 그의 저술 《나라 건지는 교육》은 이에 대비되는 것으로, 외솔 자신의 교육 사상을 체계화한 것이라고 할 수 있다. 그런 점에서 《나라 건지는 교육》은 외솔을 연구하는 데 있어 중요한 의미를 가지는 것이다.

외솔이 나라 사랑과 교육을 연결지어 생각한 것은, 그가 "오늘날의 교육은 무엇보다도 제 나라를 사랑하여 이를 만세 부동의 반석 우에 세우는 데에 그 목표를 두어야 한다(《나라 건지는 교육》 62쪽)'고 한 대목에서 뚜렷이 드러났으며, 그러한 생각을 구체적으로 풀어 놓은 것은 그가 다음과 같이 말한 교육의 목적인 것이다.

교육의 목적은 사람의 마음의 문을 열어, 다른 이들의 희로애락을 제 스스로의 그것처럼 느낄 수 있게 하며, 넓은 마음으로 모든 가난하고 불쌍한 사람들을 제 품안에 안아 줄 생각을 하게 하며, 제 한 몸의 부귀 영달보다도 온 겨레의 안녕과 행복을 기원하며, 제 한 집의 번영과 안락보다도 그 나라의 향상과 발전을 생각하게 하는 데 있는 것이다(나라 건지는 교육, 57쪽).

이러한 외솔의 교육의 목적은 《나라 건지는 교육》에서 여러 가지로 다르게 풀이되고 있거니와, 그러한 생각의 줄기를 이루는 것은 풍부한 인간성을 지닌 참다운 인간이 되게 하여 그가 몸담아 삶을 영위하는 나라의 발전에 이바지하게 하려는 것이다. 그러한 교육의 목적을 이루기 위하여 외솔은 교육자의 책임이 무거움을 말하고 교육자가 하는 일이, 이타적 심정으로 바침과 섬김으로써 최상의 영광을 삼는 젊은 사람들을 그 사회에 내보내어, 나라를 영화롭게 하고, 국민을 행복스럽게 하는 것이라고 하였다.

그러한 교육의 목적, 즉 나라 건지는 교육을 이루어 내기 위해서는, 특히 도덕 교육에 힘쓰지 아니하면 아니 되는데 그 까닭을 외솔은 한 국민의 도덕의 실행력이 그 나라의 흥왕과 쇠망을 좌우하는 것이므로, 우리가 나라의 흥성을 원하고 겨레의 영구한 복락을 위하려면, 모름지기 도덕을 진작하는 교육을 하지 않을 수 없기 때문이라는 것이다. 외솔이 주장하는 도덕 교육의 목표는 다음과 같다.

사람을 사랑하고 사람됨의 가치를 높이는 정신을 마음 깊이 흐뭇이 길러, 언제나 한결같이 이 정신으로 살아, 제 집안, 이웃, 그 밖의 각 가지의 사회의 구체적 생활에 사랑과 가치를 실현하여, 개성이 풍부한 문화의 창조와 민주주의스런 나라와 사회의 발전에 충성을 다하며, 나아가 평화스런 국제 사회에 널리 유익을 끼치는 한국 사람을 길러 냄을 목표로 한다(나라 건지는 교육, 77쪽).

이러한 도덕교육이 목표는 이를 자세히 검토할 때, 그것이 앞서 인용한 교육의 목적(나라 건지는 교육, 57쪽)과 비슷한 것임을 알 수 있다. 그리하여 외솔에게는 교육 = 도덕교육이라는 등식이 성립되는데, 그러면 외솔이 도덕 교육만으로 교육이 이루어지는 것이라고 생각하였다고 볼 수 있을 것인가? 그 점에 대하여 외솔은 나라 건지는 교육으로서 도덕 교육뿐 아니라,

- 생활 능력의 교육, 근로 생산의 교육
- 화합 협동인 양성의 교육
- 이기주의의 노예 상태에서 해방된 자유인의 교육
- 나라와 사회의 요구에 알맞은 교육

을 아울러 들고서, "이 다섯 가지 교육이 각각 다 나라 건지기에 소용되는 것이지만, 그 중에서도 도덕교육이 가장 으뜸이 되는 것이다"라고 말한 점으로 미루어, 도덕교육이, 즉 교육의 전부라고 생각지는 않았다는 것을 알 수 있다. 그리하여 도덕 교육이 으뜸이 되어야 한다는 것은 모든 교육의 성과가 도덕 교육으로 귀일되어야 한다는 뜻으로 말하였다고 보아야 할 것이다.

외솔은 이제까지의 우리의 교육에 대한 관념을 고쳐야 할 것을 촉구하고 있다. 그리하여, "무엇 때문에 학교를 보내느냐?", "무엇 때문에 학교에 다니느냐?", "무엇 때문에 교육을 하는 일에 종사하느냐?"를 다시 한 번 생각해 보아야 한다고 하였다. 그 점에 대하여 외솔은 "교육이란 무엇인가?", 즉 교육의 정의를 첫째로 지식·기술의 교육 및 가치의 교육, 둘째로 나라 사랑의 교육으로 나누어 다음과 같이 말하고 있다.

교육의 첫 번째 정의

교육은 사람이 제 손발을 움직여서 올바른 방법으로 저에게

필요한 옷·밥·집을 얻는 능력을 기르는 데 그 목적이 있다(나라 건지는 교육, 90쪽).

그리고 한 걸음 더 나아가서, 사람은 다만 육체의 소유자가 아니요, 또 정신의 소유자이다. 정신의 소유자인 사람의 살림은 필요한 물질을 얻는 데에만 만족할 수 없는 일면을 가지고 있다. 사람은 이상을 가지고 있어, 그것의 실천을 원하는 존재이다. 진리와 아름다움과 착함과 거룩함, 생명력의 증대, 생명에 대한 사랑, 자기 실현 - 이러한 가치 있는 것, 좋은 것을 생각하고, 이를 세상에 실현하고자 하는 것이 사람의 생활의 높은 차원의 실상이다(나라 건지는 교육, 92~93쪽).

교육의 두 번째 정의

교육은 각 개인의 소질을 충분히 발휘시켜 그 이익과 명예를 누릴 수 있게 하되, 그 개인의 이익과 명에는 그 나라의 이익과 명예로 더불어 일치함을 깨닫고 행하도록 함에 있다(나라 건지는 교육, 95쪽).

그리하여, 외솔은 이 두 가지 정의를 다시 요약하여, 교육이란, 첫째로 개인의 손발을 움직여서 정당한 방법으로써 의식주를 구득하는 길을 배우기 위한 것이며, 둘째로 개인의 이익과 명예는 그 나라의 이익과 명예와 일치하는 것임을 깨닫기 위한 것이라고 하였다. 그러나 외솔은 그러한 개인 위주의 교육이 '얻으려는' 교육으로만 그친다면 그것은 진정한 의미에서 인생교육(인간교육)이 될 수 없는 것으로, 여기에 또한 '주려는' 교육이 따라야 할 것이니, 그것은 사랑의 사람, 섬김의 사랑, 희생의 사람이 되게 하는 것이다라고 하였다.

그러한 외솔의 생각을 분명히 하기 위하여, 다음에 외솔이 쓴 《나라 건지는 교육》의 끝맺은 부분을 옮겨 적기로 한다.

얻는 사람보다 주는 사람이 되게 하기 위하여, 받아 가지는 사람보다 베풀어 주는 사람이 되기 위하여, ― 이것이 인생 교육의 최고의 목적이다. 다만 이러한 사랑의 교육은 그 시작은 학교 교육에서 하지만, 그 완전한 달성은 각 개인이 종신토록 끊임없이 정진하는 자기 교육으로만 가능할 것이다(나라 건지는 교육, 101쪽).

제 6 장

외솔의 교육사상

1. 신교육론

19세기 말, 식민주의 및 제국주의 시대를 당하여 우리에게는 개화와 독립이 구국운동으로 전개되었다. 이 개화와 독립이란 결국 한 가지 사실의 양 측면을 말하는 것이니, 그 이유는 개화가 없이는 자주 독립이 이루어질 수 없고, 또 자주 독립을 해야 참된 개화를 이룩할 수 있다고 생각했기 때문이다.

"개화 · 자주 독립이란 결국 국민적 자립이며 국가의 자강이었고, 그 방법은 먼저 교육을 진흥하는 것이었다. 따라서, 개화 지식층에서는 교육의 힘으로 민족적 단결심을 발휘시키자"는 여론이 일어났다. 물론 여기에서의 교육은 구학문의 폐단을 지적하고 신학문을 내세운 것이었다(손인수, 1973, 연세교육대학원교육논집 6집, 42쪽). 이러한 교육 구국 운동의 조류 속에서 외솔의 대학 재학시절(1926년)에 「조선 민족 갱생의 도」를 저술하였다. 이는 민족의 독립이 궁극적으로 민족 교육에 달려 있었다고 보았기 때문이다.

외솔의 「조선 민족 갱생의 도」에 나타난 신교육사상의 내용을 분석해 보면 다음과 같다. 즉, 이 책의 서두에는 우리 나라가 왜 망국의 설움을 당하게 되었는가 하는 원인과 민족적 갱생의 원리에 대해 기술하였고, 인습적 · 비과학적 사고방식 및 생활 방식을 어떻게 개선할 것인가에 관해 다양한 측면에서 분석하고 있다.

결과적으로 이러한 질병으로 말미암아 우리 나라가 쇠망의 길을 걷게 되었다는 것이다. 그 민족적 질병을 치료하는 방안으로는 "그것은 제대로 교육을 받지 못하였기 때문이므로, 민족적 갱생을 위한 노력이 교육을 통하여 전개되어야 한다"(홍웅선, 1974, 나라사랑 14집, 166쪽)고 설파하였다. 또한 그는 민족을 되살리기 위한 교육의 정신과 이에 입각한 교육내용 및 교육방법에 관한 구체적인 방안을 다음과 같이 제시하고 있다.

- 신교육 정신의 고취
- 계몽운동
- 체육 장려
- 도덕의 경장
- 경제의 진흥
- 생활 방식의 개선
- 민족 고유문화의 발양

첫째 '신교육 정신의 고취'에서 "외솔이 그의 교육의 정의를 잘 정리하여 서술한 대목이 잇는데, 그러한 서술을 통하여 우리는 외솔의 교육학자로서의 진면목을 여실히 찾아볼 수 있다. 그리한 외솔의 교육관은 당시의 우리 나라에만 특수하게 적용되는 것이 아니라, 언제 어디서나 두루 통하는 보편 타당성을 지닌 것이다(홍웅선, 1974, 나라사랑 14집, 167쪽).

인간교육

외솔은 교육의 영역에서 신교육의 정신을 제기하였다. 외솔은 “신교육은 사람을 사람답게 만들기 위하여 그 모든 천부의 성능을 자유로 충분히 발달하게 하며, 자기의 삶을 붙인 민족 사회를 위하여 노력하겠다는 강렬한 의지를 고취하며, 더 나아가서 세계 전인류의 합리적 생활과 공존·공영을 위하여 활동하겠다는 넓은 도량을 기르며, 자기의 인격에 대하여 절대의 존엄을 지키어서 어떤 다른 것 때문에 그 인격을 수단화하며, 그 인격의 존엄을 헐버리지 아니하게 하어야 한다고 인간교육의 존엄성을 말하였다.

교토대학 대학원 재학 중 나라 외국어 학교에서 조선어를 가르치다

외솔이 주장한 '신교육'이라는 말의 개념은 "우리 민족의 갱생에 필요한 교육을 신교육이라 부르고자 하노니, 이는 이 이름으로 쇠망에 길인 구교육에 대립시키고자 함이다."라고 했다. 또 흔히 "신교육을 전통적인 교육과 대비하는 말로 쓰는 수가 많은데, 이 경우에는 그렇게 쓴말이 아님이 밝혀졌으나 그 내용에는 다분히 이른바 새 교육의 정신이 포함되어 있기도 하다. 즉, 신교육의 정신에는 '페스탈로치'의 개혁적인 교육사상과 부합되는 점이 많음을 알 수 있다." 외솔은 「조선 민족 갱생의 도」에서 신교육을 아래와 같이 말하고 있다.

- 신교육은 교육자나 피교육자나 두 쪽이 다 조선 사람인 것을 깊이 자각하여야 한다.
- 신교육은 아동으로 하여금 조선을 이해하는 지가 투철하게 하며, 조선을 사랑하는 정이 열렬하게 하며, 조선을 위하여 헌신적 활동을 하겠다는 확호불발의 의지를 함양함으로써 그 근본적 정신을 삼을 것이다.
- 신교육은 피교육자로 하여금 자기 개인의 생명이 홍모같이 경함을 깨닫게 하는 동시에, 자기 일개의 생명이 우주로 더불어 무한대·무한중함을 깨닫게 하는 것이 신교육의 신비한 양면적 작용이다.
- 신교육은 아동의 천성을 자유로 발휘케 하여, 건강한 신체와 쾌활한 심정과 용감한 기상을 가지게 하여야 한다.
- 신교육은 아동을 본위로 한 교육이나, 아동의 자연적 활동이 항상 교육적 무대에서 중요한 구실을 하여야 할 것이다.
- 신교육은 인격의 독립성을 고창하며, 노동의 의무심을 강조하여서, 개개인의 정신적 독립과 경제적 자활을 돈독하

게 하여야 한다.

- 신교육은 노동을 친하며, 산업을 사랑하는 기풍을 양성하여야 한다.
- 신교육은 세계의 일반적 평화를 유지하며, 인류의 공통적 복지를 증진케 함으로써 그 최후의 요의를 삼아야 한다.
- 신교육은 피교육자로 하여금 진리에 대한 열렬한 사랑을 가지게 하며, 선에 대한 순수한 쾌감을 느끼게 하며, 샘솟듯한 그림과 불타듯한 사랑으로 평생 여일히 진리를 탐구하며, 선을 행하기에 노력하여 마지아니하도록 하여야 한다.

또한 피히테(J.G. Fichte)도 교육이 온전한 인간의 개조라고 하면서 어린이에게 신교육을 장려할 것을 역설하였다(고영근, 1995, 최현배의 학문과 사상). 그리하여 피히테와 외솔의 교육사상의 공통점으로는 두 사람은 다 같이 자민족의 패망 이유에 대해 원인과 치료 방법론을 제시한 점과 또한 자민족을 위기에서 구하기 위해서는 교육의 개혁이라는 과정을 통한 국민교육 혹은 민족교육에 기초를 한 신교육에 근거를 두었다는 사실이다(장원동, 1995, 나라사랑 제91집, 350쪽).

둘째, 계몽운동에 대해서는 "계몽운동은 노동자 · 부인을 위한 학교라든지, 각종 강습소와 신문 · 잡지를 통한 전개는 대중적인 기반에 폭넓게 침투 또는 대다수의 민족 전원을 흡수하는 방안이었고, 이미 1864년 이후의 근대적 의식에 의한 계몽운동이 1896년 《독립신문》 발간과 1910년 신문 · 잡지 · 일반 책자 · 교과서 등 민족적 의식에 자극되었던 언론에 일시의 전격적 탄압을 강행, 총독부 정책에 대항, 또 1908년 이후 일제의 '사립학교' 탄압 정책에 대립하여 노동자·부녀자에 이르기까지 학교교육을 통해 민족적으로 갱생할 것과 계몽 운동을 전개할 것의 지시이었다"(홍이섭, 1962, 나라사랑 1집, 61~62쪽)라고 하였다.

조선어학회 사건으로 옥고를 치르신 분들(1914년)

셋째, '체육의 장려'에 대해서 "생기를 지닐 건강한 신체를 만들기 위해 체육을 장려하라." 이는 갱생하려는 우리 민족의 금석 같은 표어이다. 다 같이 건강한 신체의 소유자가 되자는 것과, 넷째, '도덕의 갱장'에서 ① 진실하기, ② 신의를 지키기, ③ 용기 많기, ④ 독립 자존심이 부할 것, ⑤ 사회적 의무를 지키기, ⑥ 부지런하기 등은 민족적 질병의 진찰에서 제시된 배제 개혁할 것과 그 실천 행위 등에 관한 지식이었다.

다섯째, '경제의 진흥'에서는 "① 근로 역작, ② 경제적 두뇌의 연마, ③ 산업 애호, ④ 자급 자작 등의 항목이 강조되었다. 이

경제 진흥의 실천 방안은 역시 저축심의 부족과 정치 경제적 파멸과 불합리, 비경제적인 일상생활 방식의 개혁안으로 1920년대 일제의 식민지 정책(일본 자본 도입의 확대, 식민지 도시 공업화, 내지 일본 상품의 유입 확대 등)에 따른 '조선 민족'의 퇴폐적 양상에 대한 경고이다"라고 홍이섭은 말하였다. 여섯째, '생활방식의 개선'은 "불합리·불경제의 일상생활 방식의 구체적인 개혁안이다."

주체성 교육

외솔은 일곱째 "민족고유 문화의 발양"에서 민족 구성의 요건으로서 정신적인 두 개의 지주, 즉 언어와 역사에 대한 주체성 교육을 특히 강조하였다. 또한 외솔이 "국어학자로서 언어의 중요성을 말한 것은 당연한 것처럼 생각하기 쉬우나, 그러한 것이 아님은 길게 말할 나위도 없는 것이다.

그리고 오늘날의 우리의 교육에서 나라말을 얼마나 소홀하게 다루고 있는가를 생각할 때에, 그러한 외솔의 외침을 결코 가볍게 받아들여서는 아니될 것이다"라고 하였다.

또 외솔은 "언어라는 것은 정신적 산물이다. 민족의 정신생활은 그 특유의 언어를 낳고, 그 언어는 그 민족의 정신을 도야하며, 민족감을 공고히 결합하는 것이다"(최현배, 조선 민족 갱생의 도)라고 하여 언어와 국민정신과의 밀접한 관계를 말하였다.

그것은 외솔이 학문의 방향을 국어학으로 전환하기 전에 한 말이었다. 한 겨레의 말에는 뜻과 마음이 당기어 있는 것으로, 그것은 그 민족의 풍토와 역사를 배경으로 하여 이루어진 것이다. 그러한 뜻에서 일찍이 피히테는 '말은 사람이 만들었다느니보다 오히려 사람이 말로 말미암아 만들어지는 수가 많다'고 했고, 나폴레옹에게 짓밟힌 독일국가의 존망이 위급하던 때에 '언어가 없어지지 않는 한 국민 정신은 사라지지 않는다'는 말로서 당시의 독일 국민의 용기를 북돋아 주었던 것이다. 외솔이 빼앗긴 나라를 찾으려고 언어의 중요성을 강조한 것은 피히테의 생각과 통하는 것이다(홍웅선, 앞의 글 168쪽)라고 하였다.

한글 반포 500돌 기념식(앞줄 왼쪽 세 번째가 외솔, 1946년)

결국 외솔이나 피히테는 모두 페스탈로치의 교육사상에서 크게 영향을 받은 결과, 이들의 교육관이 일치한다는 것은 당연하다. 또한 외솔이 특히 강조한 민족 정신의 2대 지주인 언어와 역사 가운데, 역사교육에 대해서 홍웅선은 다음과 같이 말하고 이다.

"요즈음 우리의 교육에서 주체성이 크게 강조되고 있으며, 그러한 주체성 교육은 주체적이고 발전적인 사관에 의한 국사 교육을 통하여 이루어진다고 하며, 국사교육을 강조하고 있다. 외솔은 그러한 국사교육이 민족의 정신적 역사를 가리키는 것이요, 과거의 장국한 역사적 배경에 비추어 우리의 나아갈 바를 다짐하는 것이 되어야 한다(홍웅선, 앞의 글 169쪽)고 하였다.

끝으로 외솔의 신교육사상을 강조하고 있는 덕목들을 저서별로 요약해서 비교해 보면 다음 도표와 같다.

민족 갱생(1926)	국민 도덕(1953)	나라사랑(1958)
진실하기	정직	진리 · 순리
신의를 지키기		
용기 많기		
독립 자존	자립	독립자존
사회적 의무 수행	책임이행	
부지런하기	근로역작	근로 · 검박
	애정과 역사	사랑과 섬김
	협력	화합 · 협동
	관용	
	평화	
	규율	
	공정	
	창의	
	소망	

노작교육

교육의 성자인 페스탈로치는 3H(head, heart, hand)의 조화로운 발달을 꾀함이 교육이라 주장하였다. 머리는 이지를 염통한 감정을, 손은 행동을 뜻하다. 즉 밝은 지식을 닦고, 착한 심정을 기르고, 소용스런 실제의 일을 할 수 있는 차림을 하는 것이 교육이다.

오늘날 우리는 손의 사람, 실력의 사람, 생산의 사람을 요구한다. 교육은 학생의 자발적 활동을 통해서만 참된 몸으로 무엇을 만들어 내기에 열중함으로 말미암아 발달된다. 그러므로 부지런히 일하기가 교육상 극히 중대한 것임을 단언할 수 있다(최현배, 민주주의와 국민도덕, 53쪽).

페스탈로치

앞의 도표에서 보는 바와 같이 그의 세 가지 저서에서 일관성 있게 강조되는 것은 주체성 교육 및 근로 역작·검박과 같은 노작교육 등을 중점으로 다루었다는 점이다.

결론적으로 그의 교육을 크게 인간교육, 주체성 교육, 노작 교육으로 요약할 수 있다고 하겠다. 결국 인간 중심 교육과 조선 중심의 교육으로 그의 교육 정신을 집약할 수 있다는 것이다. 먼저 "외솔의 조선 중심 교육 사상은 당시 그 자신이 몸소 조국의 처지를 뼈저리게 체험하고, 수학 과정에서 한글학자인 주시경·신채호와 같은 민족주의 사가의 영향을 받은 데서 그 싹이 텄으면, 안창호 등의 교육 구국 정신을 이어받은 것"(김정환,

1973, 나라사랑 10집, 69쪽)이라고도 할 수 있다.

특히 외솔의 조선 중심 교육은 그의 「조선 민족 갱생의 도」에서 핵심적으로 다루어지는데, 이는 "피히테가 1807년 프랑스 군 점령하의 베를린에서'독일 국민에게 고한다'는 제목으로 공개 강연을 결행하여 독일의 교육 재건을 부르짖는 그 정신과 일치된다(손인수, 1971, 한국근대교육사, 157쪽)."

결국 외솔이 이 저서를 낸 것은 피히테의 공개 강연이 있는지 꼭 119년 뒤의 일로, 피히테나 최현배 두 사람 모두 페스탈로치의 교육사상에 크게 영향받은 것을 고려한다면, 이 두 사람의 정신이 일치한다는 것은 당연하다(장원동, 1974, 연세대 교육대학원 석사논문).

또한 외솔이 의와 정을 지에 앞세워 강조한 점은 도산이 덕을 제일가는 우위 개념으로 내세운 것과도 통하는 비가 있다. "당시의 유행어인 '지 · 덕 · 체' 또는 '덕 · 지 · 체'의 순서를 바꾸어, 도산은 반드시 '덕 · 체 · 지'라고 사용하였다. 곧 체육의 지위를 올리어 지육의 위에 둔 것이며, 교육이라 하면 지육을 연상하는 지능만능적 사상을 타파하기 위하여 '지'를 최저위로 내린 것이다. 그리고 덕육을 제일위로 생각한 것은 물론이다(박상만, 1956, 한국교육사 하권, 404~405쪽)."

이와 같이 도산 안창호가 역행을 위하여 지 · 덕 · 체의 순서를 바꿔 덕 · 체 · 지로 그 체계를 세운 것과 같이, 외솔도 「조선 민족 갱생의 도」에서 의 · 정 · 지의 순으로 이를 체계화하였다. 더군다나 외솔에 있어서의 지는 단순한 기능적 지나 백과사전적 지가 아니라, 의식을 구성하는 인식을 그 전제로 한 지가 위주로 되었음은 그대로 간과할 수 없는 문제라 하겠다.

도산 안창호

결국 그가 내세우는 교육이란 가치의 구현을 위한 과정적 방편으로서의 교육이며, 가치의 인식을 위한 지식 탐구 과정으로서의 교육이라 해야 할 것이다. 지적 탐구를 통하여 가치를 바로 인식하고 이를 의식화하며, 이것이 정적인 자기 강화를 통하여 행동화하는 교육이라는 것이다. 그러니까 어떤 가치가 인식하고 의식화하여 행동화하는 과정을 페스탈로치의 이지(head)・감정(heart)・행동(hand)의 조화로운 발달이 교육이라는 교육론에서 힘입어 체계화한 것이라고 할 수 있다는 말이다.

특히 이는 교육이라 하면 지적인 기능의 향상만을 연상케 하고, 교육, 교육학이라 하면 이런지를 가르치는 방법론만을 추구하는 현재의 입시위주 교육에 대해 반성하는 틀을 마련해 주었다고 볼 수 있을 것이다.

결론적으로는 그의 신교육론은 조선 중심 사상이 일괄성 있게 그 핵심을 이루는 것으로 보아, 그의 민족 교육론의 이론적 체계라고 보아야 할 것이다.

2. 민족교육론

주지하는 바와 같이 「조선 민족 갱생의 도」는 외솔이 33세의 젊은 나이로 탈고한 저서요, 1958년에 출판된 「나라사랑의 길」은 65세의 노년기의 저술이다. 전자에는 젊은 혈기가 넘쳐흐르고, 후자에는 원숙한 노학자의 경지가 반영되어 있다. 두 저술

사이에는 32년의 세월이 가로 놓여 있으니, 두 책의 내용에도 스스로 다른 점이 적지 않다. 그러나 "이 두 저자는 긴밀한 연결성과 일관된 주장을 가지고 있으며, 상호 보완하는 관계를 맺고 있다(김태길, 1973, 나라사랑 10집, 43쪽).

또한 「조선 민족 갱생의 도」에서는 주된 논의가 '민족'에 관한 것인데 비하여 「나라사랑의 길」을 집필한 것은 우리 겨레가 다시 나라를 회복한 뒤였던 까닭에, 필자의 관심이 '민족'을 그 안에 포함하는 '나라'에로 중심을 옮긴 것이라고 본다. 그리하여 외솔은 「조선 민족 갱생의 도」 제 1 장의 제목을 '민족적 질병의 진찰'이라 하였다. 이것은 그가

> "우리 또는 우리 조상이 망국의 비애를 당한 근본 원인이 우리 민족 자신 안에 있었다고 간파한 동시에, 그 망국의 근본 원인이 된 민족성의 단점을 우선 파헤치려 했던 것이다. 그 민족성의 단점이 본래부터 있던 선천적 결함이 아니라, 중년에 생긴 폐단이라고 보았던 까닭에 '민족적 질병'이라는 말을 썼던 것이며, 그 민족적 질병의 증상과 원인을 밝혀서 민족적 건강 회복의 처방을 제시하고자 한 것이 이 저작을 집필한 외솔의 기본 의도였다."

외솔은 민족 갱생의 길은 무엇보다도 생기를 진작함에 있다는 점을 강조하였고, 그러한 신념은 「조선 민족 갱생의 도」의 전편에 걸쳐 나타나고 있는데, 이에 대하여 그는 그 책의 머리말에 다음과 같이 서술하고 있다.

> "나의 신념에 의하면, 사회 조직의 여하를 물론하고 생기의 왕성한 민족은 흥할 것이요, 생기의 미약한 민족은 망할 것이

다. 물론 인류의 사회는 세월과 함께 자꾸 합리적으로 진화 발달해 가야 한다. 그러나 항상 그 진화 발달하는 사회의 주인공의 영관을 잡을 이는 반드시 그 생기가 횡일하고, 활동이 강렬한 민족일 것이다. 조선 민족의 갱생 및 흥륭도 단순한 외적 세계의 수동적 분투, 창조적 활동에 말미암을 것이다. 조선 생명의 발동의 대정도는 여기에 있는 것이다. 이것이 나의 소신이다(최현배, 조선 민족 갱생의 도, 43쪽)."

이와 같이 외솔은 민족이 생기를 되찾으려면, "민족적 병인을 외부적인 것에 전가하지 말고, 스스로 심각하게 반성하여 자기 내부의 악인을 통철히 느껴야 한다고 하였다. 우리의 멸망에는 물론 외부적 원인이 없는 것은 아니다. 그러나 우리를 망하게 한 자는 그 외부적 원인이 아니요, 내부적 원인이다"라고 잘라서 말했다. 그러면, 우리를 쇠망하게 한 내부적인 원인(민족적 질병)이 무엇인가를 외솔은 「조선 민족 갱생의 도」에서 다음과 같이 열 가지를 지적하였다.

- 의지의 박약함
- 용기의 없음
- 활동의 결핍함
- 의뢰심의 많음
- 저축심의 부족
- 성질의 음울함
- 신념의 부족함
- 자존심의 부족함
- 도덕심의 타락
- 정치 경제적 파멸

이러한 열 가지 민족적 질병으로 말미암아 우리 나라가 쇠망의 길을 걸었다는 것이 외솔의 견해이다. 그것은 제대로 교육을 받지 못하였기 때문에, 민족적 갱생을 위한 노력은 교육을 통하여 전개되어야 한다.

그러한 외솔의 생각과 페스탈로치가 만약 사람을 자연대로 내버려두면, "저절로 게으름 · 무식 · 무사려 · 무기력 · 탐욕을 면치 못할 것이라고 한 말과 통한다." 외솔의 갱생 원리에 대하여(홍웅선, 1974, 나라사랑 14집, 166쪽)는 "민족적 생기를 진작함에 있어, 민족적 이상을 수립하기를 절규하였고, 다시 민족적 특질을 '의적 방면, 정적 방면, 지적 방면'으로 나누어 고찰함으로써, 우리 민족이 그런 원대한 이상을 세울 충분한 소질이다"라고 말하였다.

여기서 민족이 민족적 이상을 추구할 가능성이 넉넉함을 역사적 사실로 설명한 외솔의 논구에 대하여(홍이섭, 1976, 나라사랑 1집, 58쪽)는 다음과 같이 설명하고 있다.

> "민족적 특질의 규명에 있어 '제 2 정적 방면'과 '제 3 지적 방면'까지의 논구는 그 당시로는 '조선 민족 문화사격'의 호문자로 가장 우위에 두어야 할 문자이며, 아직까지도 '조선 민족 문화'를 민족적 정시에 기틀을 두고, 아름다움과 과학적임을 애정으로 서술함에 있어 이론적 합리성을 지니고 있는 것이다."

이와 같이 외솔은 그의 저술에서 거듭 민족적 생기를 진작하는 일의 요긴함을 역설하고 있다. 그는 「조선 민족 갱생의 도」의 머리말에서 "생기의 왕성한 민족은 흥할 것이요, 생기의 미

약한 민족은 망할 것이다"라고 하였다. 외솔이 그처럼 민족적 생기의 진작을 강조한 까닭은

> "우리가 염원하는 민족의 독립이나 국가의 발전이 수동적 변화에서 오는 것이 아니라, 오로지 외적 세계의 변혁에 대한 능동적 분투, 창조적 활동에 의하여 이룩되는 것이므로 미래에 대한 소망을 가지고 모든 일에 씩씩하게 대처해 나갈 수 있는 민족이 되어야 한다."

는 데 있다. 그리하여 우리가 확고한 신념을 가지고 생기 있는 민족이 되려면, 우리 민족의 한 사람 한 사람을 다음과 같은 말로써 형용하여야 한다고 하였다.

> "생기 있다, 씩씩하다, 굳세다, 다구지다, 욕됨을 안다, 분함을 안다, 반항할 줄 안다, 죽을 줄 안다, 미덥다, 부지런하다, 날래다, 모험성이 있다, 진취성이 있다, 착실하다, 강건하다, 견딜성 있다, 끈기 있다, 시종여일하다, 평생 일심이다, 조직성이 있다, 단결력이 강하다."

이러한 말들로 형용되는 생기는 밖에서 주어지는 것이 아니라, 마음속에서 우러나는 것이므로 우리 나라 사람들이 천부의 성능을 유감없이 발휘할 수 있도록 도와줌으로써 생기가 넘치는 사람이 되게 하는 것이 교육의 할 바라고 외솔은 생각하였다.

이러한 외솔의 생각은 교육이란 인생의 내부에서의 자발적인 발전을 보도하는 것이라고 말한 페스탈로치의 생각과 일치하는 바이다. 페스탈로치는 사람은 낳자마자 온갖 정력을 집중하여 그 인성이 발전을 열망하는 것이라고 하였는데, 그러한 인성은

본래는 선한 것이지만 그것은 자연대로 내버려두면 쓸모 없이 되어 버리므로 사회적 교양을 주어 사회를 개조할 수 있도록 인도하여야 한다.

외솔은 그러한 페스탈로치의 생각이 사람의 행위의 모든 면에 인식적 기초를 인정하고 일체 또는 영원의 생산자라고 하는 것이 독일 이상주의의 핵심이다(홍웅선, 앞의 글, 178~179쪽). 외솔의 삶과 교육실현활동에 나타난 가치관, 교육내용, 교육목표 등을 교육정신사적 시각에서 정의한다면 한 마디로 외솔은 이상주의적 교육철학의 신봉자이고 실천가였다고 할 수 있다(김인회, 1999, 한글만 쓰기의 주장, 322쪽).

그가 「조선 민족 갱생의 도」를 발표한 뒤, 당시 유물론의 세례를 받은 지식인이 외솔이 글은 실제를 무시한 단순한 유심론적 관념 유희라고 비난한 데 대하여 외솔은 다음과 같이 반박하였다.

> "나의 본의는 이론상의 유심론을 주창함에 있지 아니하고 오로지 실천상의 이상주의를 고조할 뿐이다. 나는 이론상으로 최후의 본연적 실재에 관한 문제의 해결을 시하지 아니하고, 다만 사람 및 그 생활은 물심 양자로 되었음을 인하였다. 그러나 의식적 존재자인 사람으로서는 인간 역사의 진행에 의식적·목적적 활동으로써 역사의 기관차를 운전하는 것밖에는 다른 직능이 없으며 또 있을 수 없다. 이에 실천적 이상주의는 도저히 부인할 수 없는 또 없을 수 없는 사람의 행동 규범이다. 사람의 의의와 가치도 도무지 여기에 있으며, 사람의 생활과 역사의 능동적 차조란 것도 도무지 여기에 있는 것이다."

외솔은 스스로 이상주의임을 자처하고, 그가 「조선 민족 갱생의 도」에서 밝히려한 것은 사람의 생활과 역사의 능동적 창조를 위한 행동 규범을 찾는 데 있었다. 교육이란 이상을 추구하는 노력이다. 따라서 교육을 생각하는 데 있어 문제가 되는 것은 추구하여야 할 이상을 어디에다 두느냐에 있다고 하겠는데, 그 점에 대하여 외솔은 "그것이 「조선 민족 갱생의 도」의 '도(길)'와 「나라사랑의 길」의 '길' 임을 분명히 하였다. 거기에 외솔의 교육 사상의 핵심이 있는 것이다."

「조선 민족 갱생의 도」(1926년)가 나라를 잃은 슬픔을 달래며 겨레가 다시 살아날 길을 찾기 위하여 씌어진 것이라면 「나라사랑의 길」(1958년)은 도로 찾은 나라의 무궁한 발전을 염원하는 뜻으로 서술된 것으로 차이가 있다. 그러나 두 책의 기저는 외솔의 나라사랑에 대한 뜨거운 정성에서 일관성이 있다고 볼 수 있다.

외솔은 "이 「나라 사랑의 길」은 나의 온 생애를 통하여 끊임없이 찾고 걷기를 힘써 온 생활원리로서 겨레와 나라에 대한 나의 끝없는 사랑과 충성의 작업이다"라고 하였다.

"이것은 곧 외솔 자신의 생활 원리요, 민족과 국가에 대한 자신의 무한한 사랑과 충성의 노작이었다. 또한 「조선 민족 갱생의 도」에서는 '민족'만이 주체였고, 「나라 사랑의 길」에 와서는 '나라'가 함께 논의되었으므로 '겨레와 나라'로서 대칭적으로 표시되었고, '겨레는 나의 어머니요, 나라는 나의 아버지이다'라고 하듯 자신의 생명이요, 발붙일 고장, 국토를 끝없이 사랑하는 데서 「나라 사랑의 길」은 구상되었다. 그러나 그 정신적 지반이 「조선 민족 갱생의 도」이었음은 재언할 바가 아니다."

외솔이 「조선 민족 갱생의 도」에서 민족적 질병을 진단한 것과 달리 「나라 사랑의 길」에서는 우리 겨레가 빛나는 역사와 우수한 소질을 가졌음에도 불구하고 오늘날의 국민 정신이 일그러진 탓으로 나라가 혼란과 침체에 빠졌다고 했다. 그러므로 외솔은 나라를 흥성하게 하는 방법을 다음과 이 몇 가지 원칙을 통하여 찾아야 한다고 하였다.

첫째, 국민의 생기가 왕성한 나라는 흥성한다. 둘째, 군사적 우수성을 가진 겨레가 나라를 크게 일으킨다. 셋째, 창조적 문화 이용이 왕성한 국민의 나라는 흥한다. 넷째, 조직력·정치력이 센 겨레는 나라의 흥륭을 가져온다. 다섯째, 일치 단결력이 세찬 국민은 일어난다. 여섯째, 부지런한 국민은 일어난다. 경제 관념이 착실하고 경제적 기술을 소중히 하는 국민은 흥한다. 일곱째, 그 성질이 검질긴 국민은 흥한다. 여덟째, 유리한 땅을 차지한 겨레는 흥한다. 아홉째, 도덕심이 굳건하고 공공 정신이 센 국민은 흥성한다 등이다. 이러한 나라 흥성의 원칙은 우선적으로, 국민의 생기가 왕성하여야 하는 것으로 외솔이 「조선 민족 갱생의 도」에서 민족적 생기를 되찾아 일으켜야 한다고 한 말과 같은 것이다.

따라서 외솔은 언제나 민족적 생기를 진작시키는 일을 으뜸으로 강조하여 왔다. 더불어 외솔은 그의 저술에서 일관되게 교육의 중요성을 강조하고 있는데, 그가 강조하는 교육은 "사람을 사람답게 하는 인간교육이었고, 그러한 교육에서는 도덕교육이 중요시 되어야 한다"고 하였다.

그리하여 「나라 사랑의 길」에서도 정신적 부활을 위하여 국민 각자가 지켜야 할 덕목으로서 다음의 여섯 가지 측면을 강조하고 있다.

> 첫째, 진실과 순리의 생활 : 거짓말을 하지 말라. 우악을 부리지 말라.
> 둘째, 독립 자존의 생활 : 의뢰심을 버려라.
> 셋째, 부지런하고 검박한 생활 : 근로 · 검박 · 절약 · 저축의 생활
> 넷째, 사랑과 섬김의 생활 : 편협하고 무도리한 이기심의 멍에를 벗어 버리고, 이웃을 사랑하고 겨레를 사랑하는 섬김의 생활로 들어가라.
> 다섯째, 화합 · 협동의 정신을 발휘하라.
> 여섯째, 겨레 정신을 살리자 : 화랑도정신의 부활, 삼일정신의 부활

외솔은 「나라 사랑의 길」에서 학교 교육의 한계에 대하여 나라 사랑의 마음을 기르는 것을 오로지 학교 교육에만 기대하는 것은 매우 옳지 못하다고 했다. 또한 외솔은 만약 자연적 환경 및 자연적 현상이 사람의 심정에 사랑의 정을 자아내기에 배치되는 것이 있으면 그러한 학교 교육은 공연히 교육자에게 수고만 끼치는 것이 될 뿐, 아무런 실효를 거둘 수 없다고 했다.

여기서 말하는 자연적 환경 및 자연적 현상이란, "제 나라의 풍토 · 경치 · 고적 · 풍속 · 습관 · 문화에 친숙하게 하는 일들과 민복을 꾀하고, 자유를 보장하며, 국민의 생기를 왕성히 하고, 이상을 높이게 하는 일들이다(홍웅선, 앞의 글, 174쪽)."

그리하여 외솔은 "생활이 교육한다는 진리를 잡아, 이로써 나라사랑의 마음을 기르는 법을 삼는다"고 말하였다. 이러한 외솔의 생각은 지식 위주의 교육을 일삼을 것이 아니라, 생활을 통

하여 인격을 도야하는 교육이 되어야 한다는 것이다. 이것은 외솔이 주장하여 온 인간 교육이 "나라사랑이라는 목표를 향하여 폭이 넓게 전개되어야 한다"는 것을 의미한다.

이에 대하여 홍웅선은(홍웅선, 앞의 글, 175쪽) "외솔이 생각하는 교육은 잔재주나 토막 지식을 가르치는 지육 중심의 교육이 아니라, 도덕심의 함양에 중점을 두는 교육이다. 그 중에서도 특히 우리 민족에 대한 긍지를 가지고 나라를 사랑하자는 것이다. 그리하여 오늘날 우리 나라 교육은 무엇보다도 제나라를 사랑하여 이를 만세 부동의 반석 위에 세우는데 그 목표를 두었다"고 설명하고 있다.

따라서 외솔은 우리 교육이 힘쓸 바는 "각 개인의 소질을 충분히 발휘시켜서, 그 이익과 명예로 더불어 일치함을 깨닫고 행하도록 함에 있다"고 교육에 있어서 인간교육을 강조하고 있다.

또한 외솔은 나라사랑의 정신에서 "자기를 구하려거든 먼저 자기가 소속한 민족을 구하라. 세계를 구하려는 청년은 모름지기 먼저 조선을 구하라. 조선을 구함으로 말미암아 세계에 진출하라"고 말함으로써, 개인에게 나라와 겨레가 얼마나 소중한 것인가를 강조하고 있다. 그러므로 외솔이 민족 공동운명체 의식의 자각을 촉구함으로써 국민의 단합을 기하려 한 것은 페스탈로치의 국민교육의 기본 정신과 통한다.

따라서 페스탈로치는 인성의 조화적 발달로 이루어지는 인간교육의 극치를 신에 대한 신앙이라고 생각한 데 대하여, 외솔은 그것을 겨레와 나라에 대한 신앙으로 바꾸어 생각한 것이다. 또한 페스탈로치가 신을 인류의 도덕적 이상의 최정점, 최고 통일자로 본 것과 같이 외솔은 "겨레와 나라에 대한 신앙을 우리 나라 사람의 도덕적 이상의 최정점이요, 최고 통일의 경지로 본 것이다" 그리하여 나라사랑을 떠난 교육을 생각할 수 없고, 교육이 나라 사랑을 떠나서 존재할 수 없다고 생각하였다.

외솔이 「나라 건지는 교육」을 쓴 것은 그의 나이 70세 때로서 그의 생애에 있어 사상적으로 가장 원숙한 시기의 저술인 것이다. 그는 「조선 민족 갱생의 도」, 「민주주의와 국민도덕」, 「나라사랑의 길」에서 제시되었던 그의 애국의 충정을 「나라 건지는 교육」에서 교육과 직접 연결시켜 논하였다. 그의 교육에 관한 최초의 논문은 「페스탈로치의 교육사상」이다.

그 후 만년에 「나라 건지는 교육」을 저술하여 외솔 자신의 교육사상을 체계화하였다. 그는 여기서 나라사랑과 교육을 연결시켜 교육의 목적을 다음과 같이 말하고 있다.

> "교육의 목적은 사람의 마음의 문을 열어 다른 이들의 희로애락을 제 스스로의 것처럼 느낄 수 있게 하며, 넓은 마음으로 모든 가난하고 불쌍한 사람들을 제 품안에 안아 줄 생각을 하게 하며, 제 한 몸의 부귀 영달보다도 온 겨레의 안녕과 행복을 기원하며, 제 한 집의 번영과 안락보다도 그 나라의 향상과 발전을 생각하게 하는데 있다."

이러한 외솔의 교육의 목적은 "풍부한 인간성을 지닌 참다운 인간이 되게 하여, 그가 몸담아 삶을 영위하는 나라의 발전에 이바지하게 하려는 것이다. 그러한 교육의 목적을 이루기 위하여 그는 교육자의 책임이 무거움을 말하는 것이다. 또한 교육의 목적을 이루기 위하여 그는 교육자의 책임이 무거움을 말하고, 교육자가 하는 일이 이타적 심정으로 바침과 섬김으로써 최상의 영광을 삼는 젊은 사람들을 그 사회에 내보내어 나라를 영화롭게 하고 국민을 행복스럽게 하는 것이다.

도덕교육

외솔은 나라 건지는 교육을 이루기 위해서는 도덕교육에 힘쓰지 아니하면 안된다고 말하면서, 그 까닭은 한 국민의 도덕의 실행력이 그 나라의 흥왕과 쇠망을 좌우하기 때문에 우리가 나라의 흥성을 원하고 겨레의 영구한 복락을 위한다면 모름지기 도덕을 진작하는 교육을 하지 않을 수 없다"고 말하였다. 이어서 외솔은 도덕교육의 목표를 다음과 같이 주장하고 있다.

> "사람을 사랑하고 사람됨의 가치를 높이는 정신을 마음 깊이 흐뭇이 길러 언제나 한결같이 이 정신으로 살아 제 집안, 이웃, 그 밖의 삿가지의 사회의 구체적 생활에 사랑과 가치를 실현하여, 개성이 풍부한 문화의 창조와 민주주의스런 나라와 사회의 발전에 충성을 다하며 나아가 평화스런 국제 사회에 널리 유익을 끼치는 한국 사람을 길러 냄을 목표로 한다."

이러한 도덕교육의 목표는 교육의 목적과 일치된다. 그러므로 외솔은 나라건지는 교육은 도덕교육뿐만 아니라 생활 능력의 교육, 근로 생산의 교육, 화합협동인 양성의 교육, 이기주의의 노예 상태에서 해방된 자유인의 교육나라와 사회의 요구에 알맞은 교육으로 설명하면서, "이 다섯 가지 교육이 각각 다 나라 건지기에 소용되는 것이지만, 그 중에서도 도덕 교육이 으뜸이 되는 것이다"라고 말하였다.

그러나 외솔은 도덕교육이 교육의 전부라고는 생각지 않으나,

도덕교육의 으뜸이 되어야 한다는 것은 어디까지나 모든 교육의 목적이 도덕교육으로 귀착되어야 한다는 뜻이다. 또한 외솔은 교육에 대한 정의를 다음과 같이 두 가지로 구분하여 설명하고 있다.

첫째, 지식, 기술의 교육 및 가치, 즉 "교육은 사람이 제 손발을 움직여서 올바른 방법으로 저에게 필요한 옷·밥·집을 얻는 능력을 기르는 데 그 목적이 있다.

> "한 걸음 더 나아가서 사람은 다만 육체의 소유자가 아니요, 또 정신의 소유자이다. 정신의 소유자인 사람의 살림(생활)은 필요한 물질을 얻는 데에만 만족할 수 없다는 일면을 가지고 있다. 사람은 이상을 가지고 있어, 그것의 실천을 원하는 존재이다. 진리와 아름다움과 착함과 거룩함, 생명력의 증대, 생명에 대한 사랑, 자기 실현 이러한 가치 있는 것, 좋은 것을 생각하고, 이를 세상에 실현하고자 하는 것이 사람의 생활의 높은 차원의 실상이다."

둘째, 나라사랑의 교육, 즉 "교육은 각 개인의 소질을 충분히 발휘시켜 그 이익과 명예를 누릴 수 있게 하되, 그 개인의 이익과 명예는 그 나라의 이익과 명예로 더불어 일치함을 깨닫고 행하도록 함에 있다."

이러한 외솔의 교육에 대한 정의를 홍웅선은 다음과 같이 설명하고 있다. 교육이란 "첫째로 개인의 손발을 움직여서 정당한 방법으로써 의·식·주를 구득하는 길을 배우는 것이며, 둘째로 개인의 이익과 명예와 일치하는 것임을 깨닫기 위한 것이다." 그러나 그러한 개인 위주의 교육이 '얻으려는' 교육으로만 그친다면 그것은 진정한 의미에서 인생교육(인간교육)이 될 수 없는 것으로, 여기에 또한 '주려는' 교육이 따라야 할 것이다. 그것은 사랑의 사람, 섬김의 사람, 희생의 사람이 되게 하는 것이다.

그러므로 이러한 사랑의 교육은 그 시작은 학교 교육에서 하지만, 그 완전한 달성은 각 개인이 종신토록 끊임없이 정진하는 자기 교육으로만 가능할 것이다. 그것은 페스탈로치의 교육의 원리에서도 엿볼 수 있는 것으로 사람이 자연적인 상태에서 사회적인 상태를 거쳐 도덕적인 상태에 도달하려는 노력은 끝이 없는 것으로 교육이란 영원한 자기갱신의 과정이며, 인성은 그러한 자율성을 가진 것이다. 그러므로 부단한 자기 갱신을 강조하는 외솔의 생각은 "오늘날 교육학에서 새로운 관심거리가 된 평생교육을 예견한 것이다."

국정교과서 제작회사인 조선서적(문교서적) 임원들과 외솔(앞줄 왼쪽 끝, 1946년)

외솔의 이 「민주주의와 국민도덕」의 저작은 우리 국민을 대상으로 쓴 것이었으나, 교육부는 중등 내지 대학 정도의 학생들의 도덕 교과서로 인정하였다. 이 저술의 머리말에 "국민의 생기가 충실하고, 도의심이 굳세고, 창의력이 왕성함이 그 나라 흥왕의 원동력이 된다"고 하였는데, 「조선 민족 갱생의 도」에서 국민의 생기가 충실하기를 바라는 마음과 같다.

특히 이 저작이 교과서로서 젊은이들에게 읽히기를 바랐던 것은, "6·25 동란 중에 국민의 도의심이 무너져 가는 것을 걱정하며 순진한 젊은 학도들의 정신적 각성을 자극하고, 도의심을 북돋움으로서 말미암아 고난에 허덕이는 이 겨레를 사랑하며, 안팎으로 위태로운 이 나라를 건지고자 하는 굳은 결심이 있다." 그리하여 그 결심에 따른 실천적 태도와 일생의 버릇을 기르게 하였다.

외솔은 또한 여기에서 예로부터 지켜 오던 유고의 도덕이 오늘 우리 사회에 적합하지 못함을 말하고, 오늘의 사회에 사는 길인 민주주의의 뜻을 다음과 같이 12가지로 요약하였다.

- 부지런히 일하기
- 스스로 서기
- 얼러 힘쓰기
- 책임 다하기
- 사랑과 섬김
- 너그러움
- 평화
- 규율
- 환하기
- 바르기

- 창의
- 소망

여기서 밝히고자 한 것은 "민주주의 정신에 입각한 새로운 도덕이 시대를 따라 바뀌어졌다"는 것이다. 또한 외솔이 말한 '부지런하기'란 페스탈로치의 교육이 목적과 방법을 논한 것이며, 이것은 그가 관심을 둔 페스탈로치의 '노작교육' 정신에 있다. 즉, 외솔이 말한 노작교육이란 "손의 사람, 행동의 사람, 실력의 사람, 생산의 사람을 길러내려는 것이다. 그것은 교육이 생활을 위해서 뿐만 아니라, 또 생활로 말미암아 베풀어져 하기 때문이며, 사람의 생각하는 지혜와 건전한 심정은 손으로, 몸으로 무엇을 만들어 내기에 열중함으로써 발달되는 것이다. 그러므로 부지런히 일을 해야 한다는 것은 교육상 극히 중요한 일이다."

전인교육

외솔은 교육은 "인성의 어느 한쪽만을 두드러지게 다룰 것이 아니라, 전인으로서의 지·정·의의 조화로운 발전을 꾀하는 것이다."라고 전인교육이 중요성을 강조하고 있다. 이것을 외솔은 「조선 민족 갱생의 도」에서는 '신교육의 정신'이라고 하였고, 「나라 건지는 교육」에서는 "교육은 잘난 개인을 만드는데 그 목적이 있는 것이 아니라, 정직하고, 충실하며, 부지런하고, 건강한 국민을 기르는데 그 목적이 있다"라고 하였다.

이러한 전인교육은 페스탈로치의 이른바 삼육론에 그 근거를 두었다. 외솔은 그것을 "생각하기, 느끼기, 행하기로 나누었고, 그 세 가지는 사람의 내면성에 깊은 통일을 이루고 있는 것이므로 교육은 마땅히 전체로서의 사람들 도야함으로써 '순진한 아름다움'이 얻어지도록 하여야 한다"고 말하였다. 또 외솔은 "그렇게 전체로서의 인간 교육을 생각하면서도 어느 쪽이냐 하면 느끼기에 더 중점을 두었다. 여기서 페스탈로치가 말하는 심정력의 도야란 신뢰 · 순종 · 감사의 생각을 통하여 사랑을 알고 행할 수 있도록 하는 도덕성의 도야를 말한다"고 하였다.

또한 외솔은 도덕성의 도야를 위한 도덕교육에서 특히 사랑의 섬김의 교육을 강조하였다. 그리하여 "마음의 문을 열어 다른 이들의 희로애락을 제 스스로의 그것처럼 느낄 수 있으며, 넓은 마음으로 모든 가난하고 불쌍한 사람들을 제 품안에 안아 줄 생각을 하는 사람을 길러 내는 데에 교육의 보람을 찾는다"고 하였다. 그러므로 그러한 외솔이 휴머니티(humanity)에 입각한 교육사상은 페스탈로치의 빈민을 위한 교육의 정신과 통하는 것이다.

3. 맺음말

여기에서 외솔이 강조하는 신교육론과 민족교육론이 형성되는 과정을 살펴보고, 이어서 그의 신교육론과 민족교육론에 관해 정리해 보고자 한다.

첫째, 외솔의 민족주의 사상과 민족주의 사상과 외솔이 수학하던 시절은 대체로 조국이 그 국운을 일제에게 박탈당하는 처참한 운명 속에서, 온 겨레가 국권회복의 비원을 안고 여러 형태로 구국 투쟁을 전개하던 시기이다.

따라서 그는 자기가 몸담고 있는 조국의 운명을 몸소 직감하고, 특히 그가 수학과정 중 한성고등보통학교 시절에 그의 평생을 가름해 준 주시경 스승을 만난 것과 신채호의 저서를 통해서 박은식·신채호·정인보로 이어지는 이른바 민족주의 사가들의 뜨거운 민족의식에 접한 것은 의식면에서 그의 일생을 좌우하는 중요한 계기가 되었을 것이다.

따라서 그가 뒤에 한글 연구에 투신한 것이나 그의 교육사상이 조선 중심을 그 핵심으로 하고 있는 것은 이로부터 그 출발이 이루어졌다고 보아야 할 것이다. 아울러 사학이 그 주류를 이루었던 당시의 교육 구국투쟁이 굳이 관공립 학교의 봉직을 거부하였던 외솔에게 특히 크게 영향을 주었으리라는 것은 의심할 여지가 없다고 하겠다.

둘째, 외솔의 교육사상과 페스탈로치, 그가 겨레 갱생의 기틀을 짓고자 하여 경도제국대학에서 교육학을 전공하던 중 페스탈로치의 교육사상을 졸업논문으로 쓰기에 이르렀던 것이다. 따라서 페스탈로치의 교육사상이 그의 신교육론과 민족 교육론의 전개에 있어 지대한 영향을 끼쳤음은 물론, 페스탈로치로부터 영향을 받았으며, 또한 나폴레옹의 침략으로부터 독일을 구하고자 몸소 독일의 민족 교육의 선봉이 되었던 피히테에게서도 직접·간접으로 영향을 받게 되었던 것이다.

다음으로는 외솔의 신교육론과 민족교육론에 대해 아래와 같이 정리해 보기로 한다.

첫째, 사학이 중심이 되었던 당시의 교육 구국투쟁의 방향이 그러하듯이 외솔 또한 그의 민족교육사상을 일관하여 독립과 개화를 그 주된 문제 의식으로 삼았다. 조국의 독립을 전제로 한 조선 중심 사상과 그가 「조선 민족 갱생의 도」에서 우리 민족의 질병을 진단하고 이를 치유하는 방안을 제시함으로써 새 시대에서 생존할 수 있는 창의성 있는 민족을 길러내려 하였던 그의 신교육론이 이를 잘 설명해 주는 것이라 하겠다.

결국 그의 신교육론에서 대두된 주된 내용은 인간교육, 주체성교육, 노작 교육 등의 세 가지로 요약될 수 있다. 따라서 민족교육사상면에서 보면, 의식적으로는 인간 중심 교육과 조선 중심의 교육이요, 이러한 의식은 어디까지나 노작을 통해서 실천될 때에만 그 참 가치를 창조해 낼 수 있다는 점을 강조하는 노작 중심 교육이라고 요약할 수 있다. 이 노작 중심 교육은 페스탈로치의 노작 교육정신에서 크게 영향을 받았음을 이에 특별히 부언해 둔다. 또한 그가 1926년경에 거론한 아동 중심교육을 그의 신교육사상의 특징으로 들지 않을 수 없다.

이는 아동의 인격을 존중하고 그들의 자주성을 인정하여 아동을 본위로 한 교육의 행해야 할 것을 주장한 것으로, 우리 전래의 교육사상에 대한 일대혁신이 아닐 수 없으며, 이 또한 루소의 교육사상에 영향을 받고 페스탈로치의 아동중심 교육사상의 영향을 받은 것이라 볼 수 있다. 결국 그의 신교육론에서 일관성 있게 핵을 이루며 강조되는 점이 조선 중심사상인 것으로 보아, 그의 신교육론은 곧 그의 민족교육론의 이론적 체계라 할 수 있겠다.

둘째, 민족교육론. 그의 민족교육론은 주로 그의 저서 「조선 민족 갱생의 도」와 「나라 사랑의 길」에서 다루어지고 있다. 전자가 나라를 잃고 겨레가 다시 살아날 길을 찾게 위해 씌어진 나라사랑(애족)론이라면, 후자는 도로 찾은 나라의 무궁한 발전을 염원하는 뜻으로 씌어진 나라사랑(애국)론이다. 그가 겨레를 이로써 보면 결국 그의 겨레 사상을 곧 나라사랑이요, 그의 나라 사랑은 곧 겨레 사랑이 되는 것이라고 하겠다.

5 · 16 민족상 시상식 광경(1967년)

먼저 그는 민족을 일제의 쇠사슬에서 풀어내어 갱생시키기 위하여 씌어진 「조선 민족 갱생의 도」에서 우리가 망국의 설움을 당하게 된 원인을 찾기 위해 민족의 질병을 진단해 내고, 아울러 민족적 사상을 추구할 가능성이 넉넉함을 역사적 사실로 설명을 베풀어 줌으로써 민족의 나아갈 전도를 밝게 열어 보여 주었다.

따라서 이는 이광수가 그의 「민족개조론」에서 이른바 단순히 민족성의 단점을 나열하여 비관적인 민족의 전도를 시사함으로써 자신도 모르는 사이에 일본의 우리 나라에 대한 소위 보호를 합리화시키는 경향을 띤 것과는 뚜렷이 그 성격이 구별되는 것이라 하겠다. 그의 신교육론이 그러하듯 그의 저서를 꿰뚫어 흐르는 정신은 조선 중심 사상이다. 따라서 그는 민족의 생기를 진작시킴으로써 우리 민족 모두가 견고한 신념을 갖을 것을 일관되게 강조하고 있다.

결국 이는 민족의 갱생도 나라의 흥륭도 단순한 외적 세계의 수동적 변화에 기대하는 것이 아니요, 차라리 외적 세계의 변화에 대한 능동적 분투, 창조적 활동에 말미암은 것이라 굳게 믿는 까닭이다. 그리고 이러한 민족이 갱생도 나라의 흥륭도 모두 민족교육을 통해서만 그 실현이 가능하다고 생각하고, 이게 그가 특히 민족교육사상을 가다듬고 이를 실천에 옮기는 데 심혈을 기울였던 것이다.

그는 그의 저서 「나라 건지는 교육」에서 구체적으로 나라사랑과 교육을 연결시켜 교육의 목적을 추구해 나가고 있는데, 여기서 그가 가장 강조하고 있는 교육은 도덕교육이다. 그러한 까닭은 한 국민의 도덕의 실행력이 그 나라의 흥왕과 쇠망을 좌우하기 때문이라고 하였다. 그리고 외솔은

> "교육은 단순한 지적인 천재나 잘난 사람을 기르는 것이 아니라, 정직하고 충실하며 부지런하고 건강한 국민을 기르는 데 그 목적을 두어야 한다."

고 강조하고 있다. 또한 그는 이처럼 전체로서의 인간교육 즉 전인교육을 생각하면서도 특히 느끼기(심정력)에 더 무게를 두었다. 그런데 그는 결국 이러한 교육조차도 겨레와 나라에 대한 사랑을 떠나서는 존재할 수 없다고 생각하였다. 그는 「조선 민족 갱생의 도」에서

> "자기를 구하려거든 먼저 자기가 소속한 민족을 구하라, 세

계를 구하려거든 청년은 모름지기 먼저 조선을 구하라. 조선을 구함으로 말미암아 세계에 진출하라."

고 설파함으로써 모든 삶의 이념과 가치의 실현이 겨레와 나라를 근본으로 삼고서야 비로소 가능하다는 것을 역설했다.

결론적으로 그는 모든 교육의 으뜸이 되어야 할 교육은 도덕교육이요, 겨레와 나라에 대한 신앙은 우리 나라 사람의 도덕적 이상의 최고 정점이요, 최고 통일의 경지로 보았던 것이다. 이러한 도덕교육사상도 피히테와 페스탈로치의 교육사상에 영향을 받은 것으로 볼 수 있다.

또한 외솔이 주장한 교육이란 어디까지나 어떤 이념적인 가치의 구현을 위한 과정적인 방편으로서의 교육이며, 가치의 인식을 위한 지적 탐구 과정으로서의 교육이라 해야 할 것이다. 따라서 외솔에 있어서의 지(知)는 단순한 기능적인 지나 백과사전적 지(知)가 아니라, 의식을 구성하는 인식을 그 전제로 한 지(知)가 위주로 되었다고 할 수 있다. 지적 탐구를 통하여 가치를 바로 인식하고 이를 의식화하며, 이것이 정적인 자기 강화를 통하여 행동화하는 교육이라는 것이다. 그러니까 어떤 이념적 가치가 인식되고 의식화하여 행동화하는 이념 교육 과정을 페스탈로치의 생각하기(head)·느끼기(heart)·행하기(hand)의 조화로운 발달이 교육이라는 이른바 삼육론에서 힘입어 체계화한 전인교육이라고 할 수 이다.

특히 이러한 외솔의 교육사상은 교육이라 하면 기능적인 지만을 강조하고, 교육학이라 하면 이런 지를 가리키는 방법론만을 연상하게 하는 요즈음의 지적 기능 습득 위주 교육관에 대한 반성을 하게 하는 것으로 볼 수 있다. 그러므로 부단한 자기갱신을 강조하는 외솔의 생각은 오늘날 교육학에서 새로운 관심거리가 된 평생교육(long-life education)을 미리 내다본 것이다(장원동, 2005, 교육의 이해, 85쪽).

따라서 외솔의 교육사상은 현재 교육의 문제를 반성해 보고 미래의 교육이 전인교육으로 지향해야 한다는 점을 분명히 하는데 하나의 큰 사상적 기초가 될 수 있을 것이다.

외솔은 20세기 낳은 한국의 민족교육의 선각자이다. 그는 겨레에게 언제나 나라사랑과 한글 사랑을 몸소 실천하여 보여 주었다. 특히 그가 지은 불멸의 사상서인 「조선 민족 갱생의 도」는 21세기의 우리교육의 좌표이며 이상이라고 생각되며, 또한 한국 최고의 교육철학 사상서라고 생각된다. 그리고 2009년 10월 12일 한국교육방송공사가 기획한 우리 역사속에 겨레의 스승 12인 중(안창호, 김구, 세종대왕, 신사임당, 신채호, 안향, 이이, 이황, 정약용, 최치원, 최현배 등) 한 분으로 선정되셨습니다.

앞으로 우리는 외솔의 이상주의 교육사상을 더욱 발전시켜서 세계 속의 교육철학으로 자리매김하는 연구가 되었으면 하는 바람이다.

부 록

1. 한글분야 저작
2. 교육분야 저작
3. 애국분야 저작
4. 외솔 최현배 선생의 지은 책들
5. 외솔 최현배 선생의 지도 또는 공동 편찬
6. 외솔 최현배 선생의 해적이

외솔의 저서를 영역별로 분류하면 한글, 교육, 애국사상 등에 관한 것으로 나눌 수 있다.

1. 한글분야 저작

- 우리말본(1937년)
- 한글의 바른길(1937년)
- 한글 갈(1942년)
- 글자의 혁명(1947년)
- 우리말 존중의 근본의 뜻(1951년)
- 한글투쟁(1954년)
- 한글바로적기의 공부(1961년)
- 한글가로글씨의 독본(1963년)
- 배달말과 한글의 승리(1966년)

2. 교육분야 저작

- 중등조선말본(1936년)
- 우리말 도로 찾기(1948년)
- 한글 맞춤법 통일안(1933년)
- 조선어 표준말 모음(1936년)
- 외래어 표기법(1940년)
- 큰 사전(1957년)
- 한국지명총람(1966년)
- 페스탈로치의 교육학설(1963년)

3. 애국분야 저작

- 조선민족 갱생의 도(1926년)
- 민주주의와 국민도덕(1953년)
- 나라사랑의 길(1958년)
- 나라 건지는 교육(1963년)

4. 외솔 최현배 선생의 지은 책들

- 조선 민족 갱생의 도, 1926, 동광당(1930)
- 우리말본(첫째 매), 연희전문 출판부(1929)
- 중등 조선 말본, 동광당(1934)
- 중등 교육 조선어법, 동광당(1936)
- 시골말 캐기 잡책, 조선어 학회(1936)
- 우리말본(온책), 연희전문 출판부(1937)/정음사(깁고 고침 1955, 세번째 고침 1961, 마지막 고침 1971)
- 한글의 바른 길, 조선어 학회(1937)
- 한글갈, 정음사(1942)
- 한글 약사, 재 일본조선인연맹 중앙총본부 문화부 발생, 프린트본(1946. 7. 13)
- 글자의 혁명, 문교부 군정청(1947)/정음사(1955, 1956)/정음문화사(1983)
- 중등말본(초급), 정음사(1948)
- 참돈 해방(배달 겨레의 제풀어 놓기)(원고)(1950)
- 우리말 존중의 근본 뜻, 정음사(1951.4)(초판 머리말 쓴 때)
- 민주주의와 국민도덕, 정음사(1954)

- 한글의 투쟁, 정음사(1954)
- 고등말본, 정음사(1956)
- 중등말본(Ⅰ,Ⅱ,Ⅲ), 정음사(1956)
- 나라사랑의 길, 정음사(1958)
- 한글 바로적기 공부, 정음사(1961)
- 고친 한글갈, 정음사(1961)
- 나라 건지는 교육, 정음사(1963)
- 한글 가로글씨 독본, 정음사(1963)
- 배달말과 한글의 승리, 정음사(1966)
- 외솔 고희 기념논문집, 정음사(1968)
- 한글만 쓰기의 주장(유고), 정음사(1970)

5. 외솔 최현배 선생의 지도 또는 공동 편찬

- 한글 맞춤법 통일안 1933(조선어학회)
- 조선어 표준말 모음 1936(조선어학회)
- 외래어 표기법 1940(조선어학회)
- 해방 직후 국민학교 각과 교과서 1948(문교부)
- 우리말 도로 찾기 1948(문교부)
- 들은 말 적는 법(시안) 1952(문교부)
- 6.25 후 국민학교 각과 교과서 1954(문교부)
- 우리말에 쓰인 글자(한글, 한자)의 잦기 조사 1955(문교부)
- 우리말의 말수 사용의 잦기 조사 1956(문교부)
- 큰사전 1957(한글학회)
- 중사전 1958(한글학회)
- 소사전 1960(한글학회)

- 새한글사전 1964(한글학회)
- 예절 기준 1964(문교부)
- 한국 지명 총람 1966(한글학회)

6. 외솔 최현배 선생의 해적이

1) 경력

1894. 10. 19 (1살)	경남 울산군 하상면 동리에서 최병수 님의 만아들로 태어나다.
1899. 2. 1~1907. 3. 1 (6~14살)	동네 서당에서 한문을 배우다.
1907. 4. 1~1910. 3. 20 (14~17살)	하상면에 새로 세워진 일신학교(현 병영초등학교)에서 신식교육을 받다.
1910. 4. 1~1915. 3. 20 (17~22살)	경성고등보통학교 졸업하다.
1910. 5. 1.~1913. 3. 2 (17~20살)	주시경 스승의 조선어 강습원에서 한글과 말본을 배우다.
1915. 4. 12~1919. 3. 25 (22~26살)	일본 히로시마 고등사범학교 문과 제일부 졸업하다.
1919. 3. 25(26살)	일본 문부성으로부터 수신, 교육, 일어, 한문, 법제, 경제의 중등학교 교원 면허장을 받다.
1919. 4. 1~1919. 12. 31 (26살)	관 공립 고등보통학교 교원으로의 복무 취직을 병이 있다고 핑계하여 향리에서 휴양하면서, 조선인 상권 확보를 위하여 지방 유지를 규합 출자하여 공동 상회를 설립하다.
1920. 1. 11~1921. 12. 31(27~28살)	경남 사립 동래고등보통학교 교원으로 근무하다.
1922. 1. 12~1922. 3. 31 (29살)	일본 히로시마고등사범학교 연구과 수학하다.
1922. 4. 12~1925. 3. 31 (29~32살)	일본 교토제국대학 문학부 철학과 졸업(교육학 전공)하다.

1925. 4. 25~1926. 3. 24 (32~33살)	교토제국대학 대학원 수업. 이 한 해 동안에 <조선 민족 갱생의 도>를 짓다.
1926. 1. 15 (33살)	일본 문부성으로부터 철학 개론, 심리 및 논리의 고등학교 교원 면허장을 받다.
1926. 4. 1~1938. 9. 25 (33~45살)	연희전문학교 교수 재직(흥업구락부사건으로 강제 사직 당함)
1926. 4. 1~1931. 3. 31 (33~38살)	이화여자전문학교 교수 겸직하다.
1938. 9. 26~1941. 5. 21 (45~48살)	실직 중 한글연구. <한글갈>을 지어 찍다(책 나옴 : 1942. 5).
1941. 5. 21~1942. 9. 30 (48~49살)	연희전문학교 복직. 도서관에서 일보다.
1942. 10. 1~1945. 8. 15 (49~52살)	이른바 조선어학회사건으로 3년 동안 왜정의 옥중 생활하다.
1945. 8. 19~1945. 9. 20 (52살)	조선어학회 상무이사 취임. 해방된 조국의 국어 교육에 힘쓰다.
1945. 9. 21~1948. 9. 21 (52~55살)	조선 주둔 미 군정청 문교부 편수국장에 재임하여, 자유민 교육의 국민 교과서 편찬에 종사하다.
1946. 6 27 (53살)	미 군정 장관 Archer Lerch 장관으로부터 미 군정에의 협력과 자국에 대한 멸사 봉공의 표창장을 받다.
1946. 9. 7 (53살)	한글 가로글씨 연구회 창립, 회장이 되다. 회원 3백여 명으로부터 가로글씨 안을 내게 하여, 십여 명의 위원의 심사를 거쳐 외솔이 옥중에서 완성한 가로글씨 안이 통과되다.
1946. 4. 1~1948. 3. 31, 1954. 4. 10~1960. 3. 31	두 번 서울대학교 사범대학 국어 말본 강사로 지내다.
1948. 8. 8~1950. 6. 24 (55~57살)	조선어학회에서 차린 세종 중등 국어 교사 양성소의 교수로 일보다.
1948. 10. 1~1949. 9. 25 (55~56살)	조선어학회 상무이사 재임하다.
1949. 7. 5 (56살)	한글 전용 촉진회가 창립되어, 그 위원장이 되다.
1949. 9. 25~1950. 6. 24 (56~57살)	한글학회(조선어학회 개칭) 이사장으로 취임, 상무를 보다(6·25 사변으로 중단).
1951. 1. 20~1954. 1. 21 (58~61살)	문교부 편수국장 다시 추임하다(부산 피난 때와 서울에서)

1953. 5. 24~1970. 3. 23 (60~77살)	실제로는 1949년부터이니, 56살에서 77살까지 21년간 한글학회 이사장 재삼 피선, 운명할 때까지 헌신하다.
1953. 2. 7 (60살)	교육공무원 특별징계위원 위촉 받다.
1954. 4. (61살)	연희대학교 교수로 다시 취임하다.
1954. 4. (61살)	학술원이 신설되어 그 회원이 되고, 이어 4월 20일 학술원 추진 위원이 되다.
1954. 9.~1955. 3. (61~62살)	연희대학교 문과대학 학장을 역임하다.
1954. 10. 14 (61살)	공무원 전형령에 의한 고등전형 합격증을 고시위원장으로부터 받다.
1955. 4.~1960. 9 (62~67살)	연희(연세)대학교 부총장을 역임하다.
1955. 4. 23 (62살)	명예 문학박사 학위를 연희대학교 총장으로부터 받다.
1957. 11. 15 (64살)	세종대왕 기념사업회가 창립되어, 그 이사, 부회장으로 취임하다.
1958. 7. 15 (65살)	그 동안 학술원 인문과학부 제2어문 분과회장, 인문과학부 부장을 역임하고, 이날 정기 총회에서 학술원 부회장 당선, 또 학술원 임명회원(임기 : 종신)으로 당선되다.
1960. 6~1962. 3 (67~69살)	재단법인 숙명학원 이사로 취임하다.
1961. 5. 3 (68살)	연세대학교 명예교수가 되다.
1962. 3. 1 (69살)	연세대학교 대학원 강의를 시작하다.
1962. 3. 14 (69살)	한글학회 부설 한글기계화 연구소 신설, 소장으로 취임하다.
1962. 4~1970. 3. 23 (69~77살)	재단법인 연세대학교 이사로 취임, 중임하다.
1962. 6. 1 (69살)	재단법인 동국대학 임시 이사로 취임하다.
1964. 3. 1~1966 (71~73살)	동아대학교 문리과대학 강사, 교수로 취임하다.

1966. 1 (73살)	종합민족문화 추진위원회 부회장 겸 이사로 취임하다.
1968. 8. 17~1970. 3. 23 (75~77살)	세종대왕 기념사업회 대표이사로 취임하다.
1970. 3 (77살)	3·1 국민회 이사로 취임하다.
1970. 3. 23 (77살)	새벽 3시 35분에 서울 세브란스병원에서 별세하다.
1970. 3. 27	사회장 엄수. 경기도 양주군 진접면 장현리에 안장하다.
1970. 4. 11	부인 이장련 여사 별세하다.
1970. 4. 13	부인 이장련 여사의 가족장 엄수. 부군 곁에 안장하다.

2) 각종 위원직

〈미 군정청 관계〉

- 조선교육심의회의 위원 및 그 제11분과 위원
- 신생활 운동 중앙 본부 이사

〈대한민국 문교부〉

- 국어 · 도덕 교과서 편찬위원
- 중학 교사 자격 검정 위원회 위원
- 교수 요목 제정 심의위원
- 도의 교육 연구회 중앙 위원회 부위원장
- 도의 교육 위원회 위원
- 국가 제정위원
- 국기 해설 편찬 심의회 위원

- 국민 사상 지도원 전문위원
- 대한교육연합회 운영위원
- 중앙 학도호국단 기관지 〈학도〉 편집 지도위원
- 국어심의회 위원 - 부위원장
- 유네스코 한국 위원회 준비위원
- 유네스코 한국 위원회 과학 분과 위원
- 중앙교육연구소 운영위원
- 문법 용어 제정위원(1949)
- 문교부 보통 전형 위원회 위원
- 문교부 보통 징계 위원회 위원
- 학술원 선거 위원회 상임위원
- 번역 도서 선정위원
- 한글 타자기 글자판 제정위원
- 교육 저시회 지도위원
- 중학교 교사 자격 검정 고시위원
- 고등학교 교사 자격 검정 고시위원
- 교과용 도서 활자 개량 위원회 위원
- 대학 입학 자격 검정 고시위원
- 국비 장학생 선발 고시 위원
- 재외국민의 교육 지도 교사 선발 고시위원
- 교과 과정 연구위원
- 교육 과정 제정 위원회 위원
- 한글 전용 특별 심의회 위원 부위원장
- 예절 기준 제정 위원회 위원
- 학교 문법 통일 전문 위원회 위원

〈국방부 관계〉

• 민병대 총사령부 학과 및 정훈 교육 교과서 편찬위원
• 중앙 지명 제정 위원회 위원

〈보건사회부 관계〉

• 전시 생활 개선 위원회 위원
• 예절 제정 위원회 위원

〈공보부 관계〉

• 방송 용어 심의회 위원

〈국무총리 관계〉

• 종합 민족 문화 중심 건립 추진 위원회 위원

〈그 밖의 것〉

• 광복회 추모회 위원
• 이 충무공 기념 사업회 중앙 이사
• 대한상공회의소의 한글 타자 기술 검정 시험 위원
• 서울 중앙 기독교 청년회 회관 재건 위원회 위원
• 구황실 재산 사무총국 이사 심의위원
• 3·1 독립 선언 기념비 건립 위원회 위원
• 3·1 독립 선언 및 유엔군 참전 기념비 건립 위원회 위원
• 서울특별시 문화위원
• 문교서적주식회사 상담역 이사

3) 각종 표창장 · 훈장

- 1930. 4. 1 : 동아일보사 치사장
- 1946. 6. 2 : 미 군정청 장관의 표창장
- 1948. 3. 15 : 남조선 과도정부 문교부장의 감사장
- 1954. 9. 21 : 민병대의 총사령관의 감사장
- 1955. 7. 17 : 제1회 학술원 공로상
- 1957. 5. 11 : 연세대학교의 표창장
- 1957. 9. 20 : 대한예수교장로회 총회장의 표창장
- 1957. 10. 9 : 문교부 장과의 표창장
- 1962. 3. 1 : 건국 공로 훈장증
- 1962. 10. 9 : 국가재건최고회의 의장 공로 표창장
- 1967. 5. 16 : 제2회 5 · 16 민족상 학예 부문 본상 수상
- 1970. 3. 27 : 국민 훈장 무궁화장 추서

참고문헌

최현배, 조선 민족 갱생의 도(1926년), 서울 정음사.

______, 우리말본(1937년), 서울 : 정음사.

______, 한글의 바른길(1937년), 서울 : 정음사.

______, 한글갈(1942년), 서울 : 정음사.

______, 글자의 혁명(1947년), 서울 : 정음사.

______, 우리말 존중의 근본의 뜻(1951년), 서울 : 정음사.

______, 민수주의와 국민도덕(1953년), 서울 : 정음사.

______, 한글투쟁(1954년), 서울 : 정음사.

______, 나라사랑의 길(1958년), 서울 : 정음사.

______, 한글 바로 적기의 공부(1961년), 서울 : 정음사.

______, 나라 건지는 교육(1963년), 서울 : 정음사.

______, 한글가로글씨의 독본(1963년), 서울 : 정음사.

______, 배달말과 한글의 승리(1966년), 서울 : 정음사.

______, 우리말본(온책), 연희전문 출판부(1937)/정음사(깁고 고침 1955, 세번째 고침 1961, 마지막 고침 1971)

고영근, 1995, 최현배의 학문과 사상, 서울 : 집문당.

김인회, 1999, 한글만 쓰기의 주장, "교육정신사로 본 외솔", 서울 : 정음사.

김석득, 1989, 국어 국문학과 말글 지키기. 진리·자유 창간호, 서울 : 연세대학교.

______, 1991, 외솔 최현배, 한국의 교육사상가 하권, 서울 : 교육복지신보사.

______, 외솔 최현배 선생, 연세동문회보(1994.7.1~12.1).

______, 2000, 외솔 최현배의 학문과 사상(서울 : 연세대 출판부).

김정환, 1974, 페스탈로치의 생애와 사상, 서울 : 박영사.

장원동, 1974, "외솔의 교육사상", 서울 : 연세대학교 교육대학원 석사논문.

______, 1995, 나라사랑 제91집, 350쪽, 서울 : 외솔회.

______, 2005, 교육의 이해, 서울 : 상조사.
손인수, 1969, 한국인과 교육사상, 서울 : 연세대 출판부.
______, 1971, 한국 근대교육사, 서울 : 연세대 출판부.
연세대학교사, 1969, 서울 : 연세대 출판부.
연세를 빛낸 별들, 1982, 서울 : 연세대 출판부.
연세와 한글, 1992, 서울 : 연세대 출판부.
오천석, 1964, 한국신교육사, 서울 : 현대교육총서출판사.
이광수, 1974, 민족개조론, 서울 : 대성문화사.
이만규, 1949, 한국교육사 하권, 서울 : 을유문화사.
진리·자유 창간호, 1989, 서울 : 연세대 출판부.
피히테, 1970, 독일국민에게 고한다, 김정진 역, 서울 : 박영사.
한기언, 1994, 교사의 철학, 서울 : 양서원.
한국교육신문, 2009. 10월 12일자 겨레의 스승 외솔 최현배, 서울 : 한국교원단체총연합회.
홍웅선, 1974, 외솔의 교육사상, 나라사랑 14집, 서울 : 외솔회.
허웅, 1971, 한글학회 50년사, 서울 : 한글학회.
박선영, 2000, 나라사랑 100집, 서울 : 외솔회.
박영신, 1999, 한글만 쓰기의 주장, 서울 : 외솔회.
외솔회, 나라사랑 1집(1971), 4집(1971), 10집(1973), 14집(1974), 22집(1976), 27집(1977), 35집(1980), 91집(1995), 100집(2000).

최현배의 교육철학-외솔의 생애와 사상-

2010년 2월 5일 초판인쇄
2010년 2월 10일 초판발행

저 자 장 원 동
발행인 유 성 렬
발행처 **형 지 사**
서울특별시 영등포구 신길동 233-96
전화 (02) 833-6090(代)
FAX (02) 849-0817
등록 제318-2005-000030호

파본은 바꾸어 드립니다. 값 12,000원

http : //www.chongmok.co.kr

ISBN 978-89-92938-44-0